Geschichte des Staates Israel

Reclam Sachbuch

Carsten Schliwski

Geschichte des Staates Israel

Philipp Reclam jun. Stuttgart

Meiner Liebsten Manuela Heller gewidmet.

RECLAMS UNIVERSAL-BIBLIOTHEK Nr. 18964

Gestaltung: Cornelia Feyll, Friedrich Forssman
Kartenzeichnung: Inka Grebner, Mainz
Gesamtherstellung: Reclam, Ditzingen. Printed in Germany 2012

ISBN 978-3-15-018964-1
www.reclam.de

Inhalt

Vorwort 9

Vorgeschichte I: Zionssehnsucht und Zionismus bis zur britischen Eroberung Palästinas 1917 13

Epochenüberblick 13
Die Anfänge 14
Theodor Herzl und der politische Zionismus 19
Der Zionismus nach Herzl 27
Die Anfänge der jüdischen Besiedlung Palästinas bis zum Ersten Weltkrieg 28
Palästina und der Zionismus im Ersten Weltkrieg 32

Vorgeschichte II: Von der *Jewish Agency* zum jüdischen Staat (1917–1948) 37

Epochenüberblick 37
Konsolidierung des jüdischen Anspruchs auf Palästina 38
Die unterschiedlichen Richtungen des Zionismus 43
Die arabische Bevölkerung Palästinas 48
Die Folgen des arabischen Aufstands 52

Die ersten drei Jahrzehnte (1948–1977) 61

Epochenüberblick 61
Der Unabhängigkeitskrieg und der Aufbau des neuen Staates 62
Die erste Ära Ben-Gurion 69
Die Amtszeit Mosche Scharetts 73

Die zweite Ära Ben-Gurion und der Suez-Krieg 77
Die Beziehungen zu Deutschland und die Folgen der Lavon-Affäre 82
Israel unter Levi Eschkol 84
Der Sechstage-Krieg und seine Folgen 89
Die Amtszeit Golda Meirs 96
Der Jom-Kippur-Krieg und seine Folgen 99
Vor dem Machtwechsel: Jitzchak Rabin als Ministerpräsident 101

Innen- und außenpolitische Umbrüche (1977–1992) 106

Epochenüberblick 106
Regierungswechsel 107
Frieden mit Ägypten 114
Neue Kraftprobe mit der PLO 117
Die Wahlen von 1981 118
Der Libanon-Krieg 120
Die Wahlen von 1984 und ihre Folgen 126
Die Erste Intifada 129
Demographische Veränderungen: die Russen 132
Der Zweite Golfkrieg und seine Folgen für Israel 135

Auf dem Weg zum Frieden? (1992–2009) 138

Epochenüberblick 138
Das Oslo-Abkommen 139
Unsicherheiten im Inneren und im Äußeren 142
Israel unter Benjamin Netanjahu 146
Ehud Baraks Fortsetzung des Friedensprozesses 149
Die Zweite Intifada 152

Neue Entwicklungen 159
Die Amtszeit Ehud Olmerts 160

Ausblick: Die Situation seit 2009 und die Fragen der Zukunft 168

Literaturhinweise 173
Verzeichnis der Karten 177
Personen- und Ortsregister 178

Vorwort

Eine *Geschichte des Staates Israel* zu schreiben ist kein ganz einfaches Unterfangen.

Israel ist ein Teil des Nahen Ostens und ein wichtiger Akteur innerhalb des Nahostkonflikts, manche gehen sogar so weit, zu behaupten, dass es ohne Israel keinen Nahostkonflikt gäbe. Auch wenn das übertrieben erscheint – schließlich zeichnen sich die arabischen Staaten dadurch aus, dass sie sowohl im Inneren als auch miteinander eine Reihe von Konflikten austrugen und weiterhin austragen –, kann man doch vermuten, dass das westliche Interesse am Nahen Osten durch die Beteiligung des jüdischen Staates um einiges größer ist, als wenn Israel nicht existieren würde.

Zu diesem gesteigerten Interesse, das sich in Europa und gerade auch in Deutschland durch die Präsenz entsprechender Berichterstattung in den Medien zeigt, kommt noch ein weiteres Phänomen hinzu, nämlich die Tendenz, die dortigen Ereignisse zu bewerten: Gerade im Hinblick auf aktuelle Geschehen besteht oft das Bedürfnis, Partei zu ergreifen, eine Entscheidung zu kritisieren oder zu befürworten. Ein neutraler Standpunkt erscheint dabei als geradezu unerreichbar.

Eine Erklärung für dieses Interesse in Deutschland dürfte darin zu suchen sein, dass die Geschichte der Juden im zwanzigsten Jahrhundert und damit auch die Geschichte des Staates Israel untrennbar mit der deutschen Geschichte verknüpft sind: Zwar würde die Behauptung, dass der Staat Israel ausschließlich eine Folge der Ermordung der europäischen Juden durch das nationalsozialistische Deutschland sei, zu weit gehen, allerdings hat die Schoah seine Gründung erheblich beschleunigt. Dadurch ist eine neutrale Betrachtung Israels für viele Deutsche nicht möglich: Entweder drücken sie ihre Sympathie dafür aus, dass es nach der von den Deutschen verschuldeten Katastrophe den Juden gelungen ist, ein funktionierendes Staatswesen zu begründen und zu bewahren, oder aber sie werfen dem Staat Israel und den Staaten, die ihn unterstützen, vor, dass zur Begleichung der Schuld an den Juden ein weiteres Unrecht an den Palästinensern begangen worden sei. Diese Haltung kann bis zur Negierung des Existenzrechts Israels reichen.

Natürlich nimmt der Autor dieser *Geschichte des Staates Israel* für sich in Anspruch, sie im Geiste größtmöglicher Neutralität geschrieben zu haben. Ob ihm das immer gelungen ist, mag der Leser beurteilen. Zu dieser Frage der Neutralität gehört selbstverständlich auch die der Gewichtung und vollständigen Behandlung von Ereignissen und Fakten. Im Rahmen einer kurzen Darstellung wird eine solche Vollständigkeit nicht zu erreichen sein, trotzdem hofft der Autor, allen entscheidenden Sachverhalten ihrer Bedeutung entsprechend Rechnung getragen zu haben.

Dabei ist das Buch vor allem als politische Geschichte konzipiert, deren Darstellung in chronologischer Anordnung erfolgt. Das heißt jedoch nicht, dass es nicht auch Teile gibt, die bestimmten Ereignissen vorgreifen oder vorherige Ereignisse in einem späteren Kontext schildern.

Die *Geschichte des Staates Israel* ist in fünf Teile gegliedert, die eine Rahmenstruktur vorgeben: Die ersten beiden Teile behandeln die Vorgeschichte, nämlich die Entwicklung des Zionismus als Ideologie des jüdischen Nationalismus und den Weg zum Staat Israel nach dem Ersten Weltkrieg. Der dritte Teil behandelt den Zeitraum der ersten drei

Jahrzehnte des Staates Israel, der politisch von den sozialistisch-zionistischen Parteien dominiert ist. Der vierte Teil umfasst den Zeitraum zwischen 1977 und 1992, der anfangs vom bürgerlich-konservativen Lager geprägt wird, sich aber in der zweiten Hälfte dadurch auszeichnet, dass keine politische Kraft über die eindeutige Dominanz verfügt. Der letzte Teil behandelt die Zeit von 1992 bis 2009, die von Erfolgen und Misserfolgen im Versuch, mit den Palästinensern zu einer friedlichen Einigung zu finden, geprägt ist. Die Darstellung endet mit den Wahlen von 2009, durch die Benjamin Netanjahu zum zweiten Mal Ministerpräsident Israels wurde. Alle weiteren Ereignisse benötigen noch Zeit, um sie auch nur vorläufig einordnen zu können, weswegen sie lediglich kurz in einem Ausblick angerissen werden.

Namen und Begriffe wurden weitgehend den deutschen Gepflogenheiten angepasst, um eine möglichst unkomplizierte Aussprache zu ermöglichen.

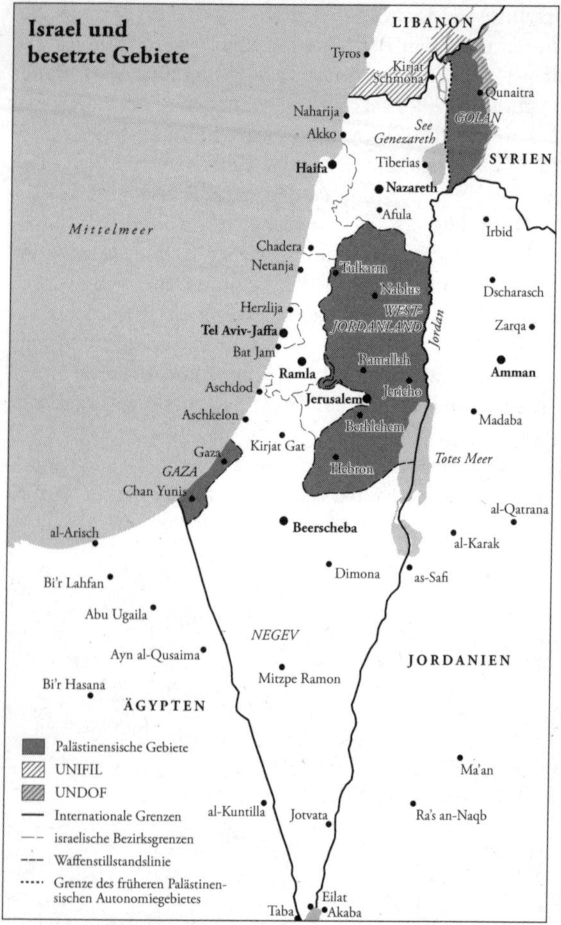

Israel und besetzte Gebiete
LIBANON
Tyros
Kirjat Schmona
Qunaitra
GOLAN
Naharija
Akko
See Genezareth
Haifa
Tiberias
SYRIEN
Nazareth
Afula
Mittelmeer
Irbid
Chadera
Netanja
Tulkarm
Nablus
Dscharasch
Herzlija
WEST-JORDANLAND
Jordan
Tel Aviv-Jaffa
Zarqa
Bat Jam
Ramallah
Amman
Ramla
Aschdod
Jericho
Jerusalem
Aschkelon
Madaba
Bethlehem
Kirjat Gat
Gaza
Totes Meer
Hebron
GAZA
Chan Yunis
al-Qatrana
al-Arisch
Beerscheba
al-Karak
Bi'r Lahfan
Dimona
as-Safi
Abu Ugaila
NEGEV
Ayn al-Qusaima
JORDANIEN
Mitzpe Ramon
Bi'r Hasana
ÄGYPTEN
Palästinensische Gebiete
UNIFIL
UNDOF
Ma'an
Internationale Grenzen
al-Kuntilla
Jotvata
Ra's an-Naqb
israelische Bezirksgrenzen
Waffenstillstandslinie
Grenze des früheren Palästinensischen Autonomiegebietes
Eilat
Taba
Akaba

Vorgeschichte I: Zionssehnsucht und Zionismus bis zur britischen Eroberung Palästinas 1917

Epochenüberblick

Im ersten Kapitel sollen die Bezüge des Judentums zum Land Israel aufgezeigt werden, die aufgrund der Diasporasituation immer aufrechterhalten wurden. Dabei waren es zunächst weniger politische Vorstellungen als eher religiös ausgerichtete Sehnsüchte nach dem Gelobten Land, die diese Verbindung wahrten.

Erst mit dem Aufkommen nationaler Bewegungen in der westlichen Welt hielt auch das Konzept eines jüdischen Volkes als Nation und die Berechtigung einer nationalen Heimstätte Einzug in das jüdische Denken. Der wichtigste Vertreter dieses Konzepts ist Theodor Herzl, der zwar nicht der erste Verfechter einer jüdischen Staatlichkeit war, dem es aber zum ersten Mal gelang, die Aufmerksamkeit der jüdischen Welt auf solche Pläne zu lenken. Damit startete er ein Projekt, das innerhalb von fünfzig Jahren zur Gründung des Staates Israel führen sollte.

Die zionistische Bewegung musste sich noch zu Lebzeiten Herzls großen Herausforderungen stellen und sah sich nach dessen Tod einer Spaltung über die Frage, ob ein jüdischer Staat nur im »Heiligen Land« oder auch an einem anderen Ort gegründet werden könne, ausgesetzt.

Mit den 1882 beginnenden Einwanderungswellen nach Palästina legten Juden den Grundstein für die Errichtung eines eigenen Staates auf diesem Gebiet und untermauerten zugleich den Anspruch auf das Land ihrer Vorväter.

Dieser Anspruch wurde 1917 von der britischen Regierung offiziell anerkannt, so dass einer weiteren Besiedelung Palästinas und einer Etablierung einer jüdischen Heimstätte nichts im Wege zu stehen schien.

Die Anfänge

70 n. Chr.	Zerstörung des Zweiten Tempels
ca. 1075–1141	Juda Halevi
1862	Moses Hess, *Rom und Jerusalem*
1881–1903	Erste Alijah
1882	Leon Pinsker, *Auto-Emancipation*
1881/82	Entstehung der Chibbat-Zion-Bewegung
1882	Gründung von Rischon le-Zion

Seitdem der Tempel von Jerusalem nicht mehr existiert und seitdem es Juden in der ganzen Welt gibt, besteht ihre Sehnsucht nach einer Rückkehr ins »Heilige Land«: In der Liturgie zum Sabbat wird darum gebetet, dass Gott Jerusalem wieder aufbaue, und zum Pessachfest wird folgender Segen über die Mazzot gesprochen: »Dies ist das Brot der Armut, das unsere Väter im Lande Ägypten aßen. Jeder, der hungrig ist, komme und esse, jeder, der bedürftig ist, komme und feiere. Dieses Jahr hier, nächstes Jahr im Land Israel, dieses Jahr Knechte, nächstes Jahr frei.« Ebenfalls zum Pessach gehört der Wunsch, das Fest »nächstes Jahr in Jerusalem« begehen zu können. Diese Sehnsucht stellt kein politisches Programm dar, sondern gehört in den Bereich der messianischen Hoffnungen: Es wird erwartet, dass eines Tages der Messias kommen wird, um die alte Größe Israels wiederherzustellen.

Ebenfalls religiöser Natur waren die *Zionslieder*, die Juda

Halevi im 12. Jahrhundert verfasst hat, und die mittelalterlichen und frühneuzeitlichen Wanderungen frommer Juden ins Heilige Land: Auch sie hatten keinen politischen Charakter, sondern dienten der Erfüllung spiritueller Hoffnungen.

Die politische Hoffnung auf eine Heimstatt der Juden oder sogar auf einen jüdischen Nationalstaat kam erst im 19. Jahrhundert auf. Dabei waren vor allem zwei Faktoren ausschlaggebend:

Zum einen entstanden als Folge eines allgemeinen Anwachsens antisemitischer Ressentiments zwischen den sechziger und achtziger Jahren des 19. Jahrhunderts Forderungen nach einem jüdischen Siedlungsgebiet, in dem Menschen jüdischen Glaubens ohne Angst leben sollten. Dieses war die Folgerung aus der enttäuschten Hoffnung, Aufklärung und Emanzipation der Juden könnten zu einer gleichberechtigten Existenz von Juden und Nichtjuden in einem Staat führen.

Zum anderen verfehlten auch die nationalen Einigungsbewegungen in Deutschland und Italien und das Erwachen nationalen Denkens in Osteuropa ihre Wirkung auf die Juden nicht und führten zu einem jüdischen Nationalismus. Man wurde sich wieder mehr des eigenen Erbes bewusst und weigerte sich, dieses Erbe, verkörpert durch die hebräische Sprache und die jüdische Religion, aufzugeben, um länger der trügerischen Hoffnung einer Akzeptanz der Umwelt durch Anpassung an sie anzuhängen.

Ziel dieser neu entstandenen jüdischen Nationalbewegung war es, eine Nation wie jede andere zu sein, was zu einer dialektischen Spannung führte: Zum einen sollte diese Nation aus der eigenen Vergangenheit und Kultur schöpfen, zum anderen sollten die Unterschiede zu den anderen Nationen eingeebnet werden.

Geographisch konzentrierte sich die Sehnsucht nach einer jüdischen Nation recht schnell auf Palästina, das damals zum Osmanischen Reich gehörte. Die innere Schwäche dieses Reiches seit der zweiten Hälfte des 19. Jahrhunderts – man sprach gerne vom »kranken Mann am Bosporus« –, die noch durch territoriale Verluste auf dem Balkan verstärkt wurde, weckte bei den europäischen Großmächten das Interesse an seiner Aufteilung, aber auch die Sorge, was nach seinem Ende kommen könnte. So überlegten britische Politiker, ob nicht die Schaffung eines jüdischen Staates als Puffer zwischen dem Kern des Osmanischen Reichs, also der Türkei, und dem von Großbritannien beherrschten Ägypten wünschenswert sei. Der Grund dafür lag in der Annahme, dass ein solcher Staat aufgrund mangelnder politischer Beziehungen zu dieser Region ein neutrales Gebilde wäre.

Bereits in den zwanziger Jahren des 19. Jahrhunderts forderte Mordecai Manuel Noah (1785–1851), der sich zunächst für einen jüdischen Staat in der Nähe von New York ausgesprochen hatte, eine Staatsgründung in Palästina. Die beiden Rabbiner Zwi Hirsch Kalischer (1795–1874, in Thorn wirkend) und Jehuda Chai Alkalai (1862–1933, in Belgrad tätig) hofften, mit der Rückkehr ins Heilige Land die messianische Zeit und die Erlösung des Volkes Israel einzuleiten. Dasselbe schrieb David Gordon (1831–1886) in *Hamaggid*, einer hebräischen Zeitschrift aus Lyck, die sich vor allem an die jüdischen Aufklärer in Russland wandte. Ziel dieser Aufklärer war einerseits die Erziehung des jüdischen Volkes zur eigenen Hochkultur, ausgedrückt durch die Verwendung der hebräischen statt der jiddischen Sprache, andererseits eine Öffnung zur Umgebungskultur. In den sechziger Jahren gründete Chaim Lorje (1821–1878) in Frankfurt an der Oder eine Gesellschaft für die Ansiedlung in Palästina.

Der Sozialist Moses Hess (1812–1875) äußerte 1862 in seinem Werk *Rom und Jerusalem* die Hoffnung, einen jüdischen Staat mit der Hilfe Frankreichs errichten zu können, der dann als ethisches und moralisches Vorbild für alle Völker dienen sollte. Dabei verband Hess die Idee eines jüdischen Staates mit der Einigung Italiens, indem er postulierte, dass nach der Gründung des italienischen Königreichs nur noch die nationale Frage der Juden ungelöst und insofern der Moment gekommen sei, diese Frage anzugehen. Bei den deutschen Juden stieß Hess mit seiner Idee eher auf Nichtbeachtung oder sogar auf Ablehnung, da sie eine Abkehr vom Konzept der Assimilation darstellte, das zu diesem Zeitpunkt vorherrschend war. Dieses Konzept ging von der Möglichkeit einer politischen und gesellschaftlichen Teilhabe aus, wenn die Religion zur reinen Privatsache würde. Dagegen zeigte sich der Historiker Heinrich Graetz (1817–1891) begeistert. Erst später sollten die Begründer des Zionismus *Rom und Jerusalem* würdigen.

Zur selben Zeit schrieb der hebräische Autor Perez Smolenskin (1840/42–1885) in seiner Zeitschrift *Haschachar*, die in Wien erschien und sich ebenfalls an die russischen Aufklärer wandte, über die geistigen Grundlagen des jüdischen Nationalismus.

In derselben Zeitschrift erschien in den 1870er Jahren ein Artikel von Elieser Ben-Jehuda (1858–1922, ursprünglich: Elieser Jitzchak Perelman), in dem Palästina als geistiges

Zentrum für die nationale Wiedergeburt propagiert wurde. Mit dieser Wiedergeburt verknüpfte nicht zuletzt Ben-Jehuda eine Wiederbelebung der hebräischen Sprache, die er an die Bedürfnisse des modernen Lebens anpassen wollte, ohne die alten Wurzeln zu vernachlässigen. Dazu begann er mit der Arbeit am ersten modernen Wörterbuch des Hebräischen, das in Zukunft nicht nur als religiöse Sprache, sondern als Mittel der täglichen Kommunikation dienen sollte. Ben-Jehuda schuf neue Ausdrücke oder schenkte alten Begriffen eine neue Bedeutung. In diesem Bemühen war Ben-Jehuda so erfolgreich, dass man ihn heute als den Vater der modernen hebräischen Sprache betrachtet.

Nach den russischen Pogromen infolge der Ermordung des Zaren Alexander II. im Jahr 1881 ließen auch dort viele Juden die Hoffnung auf eine bessere Zukunft durch eine fortgeschrittene Emanzipation und Assimilation fahren. Dieser Stimmung verlieh der Arzt Leon Pinsker (1821–1891) aus Odessa mit seiner auf Deutsch verfassten und in Berlin veröffentlichten Schrift *Auto-Emancipation* aus dem Jahr 1882 deutlich Ausdruck. Für ihn lag der Ausweg aus der Misere des Antisemitismus außerhalb Europas, in Argentinien oder Palästina, wo Juden sich in einem eigenen Gemeinwesen organisieren sollten. Pinsker wurde mit dieser Idee zu einer der führenden Persönlichkeiten der Chibbat-Zion-Bewegung, der er 1883 beigetreten war. Mit Hilfe der Förderung durch finanzkräftige Mäzene sollten jüdische Niederlassungen in Argentinien, aber vor allem auch in Palästina errichtet werden. Damit begann die Chibbat-Zion-Bewegung bereits vor Herzl mit Maßnahmen, die später den Zionismus prägen sollten, allerdings fehlte ihr der politischideologische Überbau, der den späteren politischen Zionismus mit der Vision eines jüdischen Staates ausmachte.

Eine andere Richtung war der Kulturzionismus, der vor allem durch die Konzepte eines Achad Ha'am (1856–1927, eigentlich Ascher Hirsch Ginsberg) seine endgültige Formung erhalten sollte. Ideologischer Kern des Kulturzionismus war die Idee, Palästina als geistiges Zentrum zu etablieren, das zur Erneuerung des Judentums in der Diaspora führen sollte. Es ging also weniger darum, alle Juden in Palästina zu versammeln, um dort einen eigenen Staat zu gründen, als vielmehr darum, ein Gemeinwesen zu schaffen, das sowohl Zufluchtsstätte als auch Inspiration für ein neues jüdisches Selbstbewusstsein sein sollte, fern von Versuchen der Assimilation. Zugleich war sich Achad Ha'am bewusst, dass seine Ideen mit den Interessen der arabischen Einwohnerschaft Palästinas, die er durchaus zur Kenntnis nahm, kollidieren konnten.

Theodor Herzl und der politische Zionismus

1860–1904	Theodor Herzl
1896	Theodor Herzl, *Der Judenstaat*
1897	Erster Zionistischer Kongress
	Gründung der *Zionistischen Weltorganisation*
1901	Fünfter Zionistischer Kongress

Als Begründer des politischen Zionismus im Unterschied zum Kulturzionismus eines Achad Ha'am gilt Theodor Herzl (1860–1904). Herzl ist in Budapest geboren und aufgewachsen, zog jedoch 1878 mit seinen Eltern nach Wien. Er entstammte einer assimilierten jüdischen Familie und hatte nach eigenen Angaben keine allzu umfangreichen Kenntnisse der jüdischen Religion. So hatten sich seine Eltern geweigert, seine Bar-Mitzwa-Zeremonie in der Synagoge zu veranstalten. Theodor Herzl selbst ließ später seinen Sohn nicht beschneiden. Der Umzug der Familie nach Wien erfolgte, um der immer stärker werdenden Magyarisierung des ungarischen Teiles der Habsburger-Monarchie zu entkommen, da sie sich selbst als zur deutschsprachigen Bevölkerungsgruppe zugehörig betrachtete. Damit stand sie im Gegensatz zu den meisten assimilierten Juden im ungarischen Reichsteil, die mit der Magyarisierung durchaus sympathisierten.

Bereits in Budapest hatte sich Theodor Herzl mit antisemitischen Erscheinungen konfrontiert gesehen, allerdings sollten sie ihn in Wien in einem weitaus größeren Maße betreffen: Nachdem Herzl 1878 ein Jurastudium aufgenommen hatte, war er der deutschgesinnten Burschenschaft Albia beigetreten. Ab 1881 weigerte sich diese Burschenschaft, weitere Juden in ihre Reihen aufzunehmen, und als sie sich zwei Jahre später offen zum Antisemitismus bekannte, verließ Herzl sie wieder. Zur selben Zeit gelang es den antisemitisch ausgerichteten Parteien, immer größere Wahlerfolge in Wien zu erzielen, wobei besonders die Christlichsoziale Partei und ihr Gründer Karl Lueger, der von 1897 bis 1910 das Amt des Wiener Bürgermeisters innehatte, zu erwähnen sind.

Nach seinem Studium arbeitete Herzl als Journalist und Schriftsteller. Sein 1894 erschienenes Drama *Das Neue Ghetto* greift die Assimilation der Juden an und übt heftige Kritik an der bürgerlichen jüdischen Gesellschaft. Einen Lösungsvorschlag für die schwierige Situation, in der sich die Wiener Juden aufgrund der antisemitischen Störungen befanden, hatte er bereits ein Jahr zuvor formuliert: Er überlegte, ob nicht ein Massenübertritt zum Katholizismus das Problem beheben könne, musste aber erkennen, dass der rassistisch fundierte Antisemitismus damit nicht beseitigt werden würde.

Einen anderen Weg entwickelte Herzl unter dem Eindruck der Dreyfus-Affäre seit 1894, in der der jüdische Offizier des französischen Generalstabs, Alfred Dreyfus, der Spionage bezichtigt worden war. Herzl, der sich seit 1891 als Korrespondent der Wiener *Neuen Freien Presse* in Paris aufhielt, erlebte die Affäre unmittelbar mit und berichtete darüber, wobei er schon 1892 den französischen Antisemitismus thematisiert hatte. Die Dreyfus-Affäre bestärkte ihn in seiner Sicht, dass die Assimilation gescheitert sei. Im Mai und Juni 1895 versuchte er, den Philanthropen Baron Maurice de Hirsch, der bereits Ansiedlungsprojekte für Juden außerhalb Europas, vor allem in Argentinien, förderte, von der Idee eines jüdischen Staates zu überzeugen. Da er bei ihm keinen Erfolg hatte, wollte Herzl sich an den Baron Rothschild wenden, war aber wiederum erfolglos; diesmal war es ihm noch nicht einmal gelungen, einen persönlichen Kontakt herzustellen. So veröffentlichte er im Jahr 1896 eine Rede, die an Baron Edmond James de Rothschild gerichtet war, unter dem Titel *Der Judenstaat. Versuch einer modernen Lösung der Judenfrage.* In dieser Schrift machte er konkrete Vorschläge, wie ein solcher Staat, vorzugsweise in Palästina, zu errichten sei.

Dabei stellte sich Herzl vor, dass ein Volk ohne Land in ein Land ohne Volk käme, das heißt, er ignorierte die Tatsache, dass Palästina bereits von Arabern bewohnt wurde.

Darin zeigte sich seine typisch europäische Geisteshaltung: Im Zeitalter des Kolonialismus erschien ihm wohl die Vorstellung absurd, man müsse auf die Ansprüche einer alteingesessenen Bevölkerung Rücksicht nehmen.

Die Gründung eines jüdischen Gemeinwesens sollte nicht mit Hilfe der in Palästina ansässigen Bevölkerung erfolgen, sondern durch die Unterstützung der osmanischen Herrscher und der europäischen Großmächte. Für Herzl war es selbstverständlich, dass eine Staatsgründung von oben erfolgen müsse. Die bereits vorhandene und später hinzukommende Bevölkerung hatte lediglich die Aufgabe, sich mit den neuen Gegebenheiten zu arrangieren.

Trotzdem schwebte ihm ein tolerantes Gesellschaftssystem vor, in dem alle Bewohner, Juden und Nichtjuden, ohne Unterdrückung zusammenleben sollten. Herzl setzte auf den Fortschritt, den seiner Meinung nach die massenhafte Ansiedlung europäischer Juden in das Land bringen würde. Mit der Europäisierung Palästinas ginge auch ein Anstieg des materiellen und des geistigen Wohlstands der autochthonen Bevölkerung einher, und dieser positive Effekt würde sie von der Berechtigung eines jüdischen Gemeinwesens überzeugen und dazu führen, dass sie selbst zu einem gleichberechtigten Teil dieses Gemeinwesens würden.

Zum Problem der jüdischen Existenz in Europa heißt es in *Der Judenstaat*:

> »Die Judenfrage besteht. Es wäre töricht, sie zu leugnen. Sie ist ein verschlepptes Stück Mittelalter, mit dem die Kulturvölker auch heute beim besten Willen noch nicht fertig werden konnten. [...] Ich halte die Judenfrage we-

der für eine soziale, noch für eine religiöse, wenn sie sich auch noch so und anders färbt. Sie ist eine nationale Frage, und um sie zu lösen, müssen wir sie vor allem zu einer politischen Weltfrage machen, die im Rate der Kulturvölker zu regeln sein wird.«

»Wir haben überall ehrlich versucht, in der uns umgebenden Volksgemeinschaft unterzugehen und nur den Glauben unserer Väter zu bewahren. Man lässt es nicht zu. [...] In unseren Vaterländern, in denen wir ja auch schon seit Jahrhunderten wohnen, werden wir als Fremdlinge ausgeschrieen, oft von solchen, deren Geschlechter noch nicht im Lande waren, als unsere Väter da schon seufzten. Wer der Fremde im Lande ist, das kann die Mehrheit entscheiden; es ist eine Machtfrage, wie alles im Völkerverkehre.« (Theodor Herzl, *Der Judenstaat*, 6. Aufl., Köln o. J., S. 9 f. und 26 f.)

Herzls *Judenstaat* wurde unterschiedlich aufgenommen. Gerade in Deutschland und Österreich-Ungarn stieß er auf heftige Kritik, da er den Antisemiten Munition im Kampf gegen die jüdische Präsenz in Europa liefere und somit die Erfolge der Emanzipation und Assimilation gefährde. Diese Kritik führte dazu, dass Herzl seinen Plan, in München einen Kongress über seine Ideen abzuhalten, aufgab und nach Basel auswich. Dort fand dann im August und September 1897 der Erste Zionistische Kongress statt. Es erschienen über 200 Delegierte, die zwar nicht die Wirtschafts- und Bildungselite des Judentums repräsentierten, aber doch aus den gehobenen Schichten stammten. Am Ende des Kongresses stand das Baseler Programm:

»Der Zionismus erstrebt für das jüdische Volk die Schaffung einer öffentlich-rechtlich gesicherten Heimstätte in Palästina. Zur Erreichung dieses Zieles nimmt der Kongreß folgende Mittel in Aussicht:

1. Die zweckdienliche Förderung der Besiedlung Palästinas mit jüdischen Ackerbauern, Handwerkern und Gewerbetreibenden.
2. Die Gliederung und Zusammenfassung der gesamten Judenschaft durch geeignete örtliche und allgemeine Veranstaltungen nach den Landesgesetzen.
3. Die Stärkung des jüdischen Volksgefühls und Volksbewußtseins.
4. Vorbereitende Schritte zur Erlangung der Regierungszustimmungen, die nötig sind, um das Ziel des Zionismus zu erreichen.«

(Zit. nach: Arno Ullmann, Hrsg., *Israels Weg zum Staat. Von Zion zur parlamentarischen Demokratie*, München 1964, S. 127 f.)

Diese vagen Beschlüsse stießen in der jüdischen Welt nicht nur auf Zustimmung. Gerade die Idee, die Großmächte für die jüdische Sache zu gewinnen, wurde heftig kritisiert, da viele Juden befürchteten, sich so von diesen Großmächten abhängig zu machen. Dazu kam, dass die Absicht, die Großmächte für sich zu gewinnen, dazu führte, dass sich gerade die Juden Osteuropas daran gehindert sahen, notwendige Verbesserungen ihrer Situation zu fordern, da eine solche Forderung die Ablehnung des Zionismus durch die Regierenden verursachen könnte. Auch die Tatsache, dass Herzl sich so gut wie gar nicht um die jüdische Kultur und die damit verbundene Frage ihrer Erhaltung kümmerte, stieß auf Kritik.

Der Gedanke, sich mit den Großmächten allgemein bezüglich eines jüdischen Gemeinwesens abzustimmen, offenbart auch die allgemeinen europäisch geprägten Vorstellungen, die die ersten Zionisten vertraten. Sie gingen wohl davon aus, dass die europäischen Mächte als Paten genug Druck auf die osmanischen Behörden ausüben würden, um eine Besiedlung zuzulassen. Vorbild dafür könnten die Kapitulationen sein, verschiedene Abkommen, die die europäischen Mächte im 18. und 19. Jahrhundert mit dem Osmanischen Reich abgeschlossen hatten, um ihre Staatsbürger, aber auch christliche Gruppierungen unter ihren Schutz zu stellen. Von diesen Kapitulationen profitierten bereits die Juden, die vor dem Kongress nach Palästina eingewandert waren, da sie in der Regel ihre Staatsbürgerschaft behalten hatten.

So kam es dazu, dass sich auf dem Fünften Zionistenkongress 1901 eine Oppositionsgruppe unter dem Namen *Demokratische Fraktion* bildete. Ihr gehörten Leute wie Chaim Weizmann (1874–1952, später der erste Staatspräsident Israels) und Martin Buber (1878–1965) an. Diese Gruppe forderte eine stärkere Berücksichtigung der jüdischen Religion und Kultur im Rahmen der zionistischen Aktivitäten und setzte sich zudem für eine Demokratisierung des Kongresses und der Institutionen ein. Zugleich äußerte sie sich kritisch zur Rolle der orthodoxen Juden in der zionistischen Bewegung, da ihre Aktivität zulasten anderer Richtungen der jüdischen Religion ginge. Es wurde schließlich ein Kompromiss erzielt, der zur Gründung von Kulturkomitees führte. Eine weitere Folge des Fünften Zionistenkongresses war, dass sich die orthodoxen Juden, die als Gegner der *Demokratischen Fraktion* auftraten, im Jahr

1902 ebenfalls als eigene Gruppierung organisierten, die sich den Namen *Mizrachi* gab.

Auch für Herzl war der Fünfte Zionistenkongress ein Wendepunkt: Hatte er sich zuvor um die Unterstützung des osmanischen Sultans Abdulhamid II. für seine Pläne bemüht, so setzte er nun, nachdem sich diese Hoffnungen zerschlagen hatten, auf die britische Regierung. Im Jahr 1902 legte er in Gesprächen mit dem britischen Außenminister Henry Petty-Fitzmaurice und dem Kolonialminister Joseph Chamberlain Pläne für eine Ansiedlung der Juden in El-Arisch auf der Sinai-Halbinsel vor. 1903 war er sogar bereit, mit den Briten deren Plan zu einer Ansiedlung der Juden in Uganda zu verhandeln. Für die Briten hätte die Ansiedlung europäischer Juden im heutigen Kenia einen wichtigen Schritt zur Europäisierung Ostafrikas bedeutet, der mit der Entwicklung Südafrikas vergleichbar gewesen wäre. Herzl reiste auch nach Russland, um dort über die Zulassung zionistischer Aktivitäten zu reden – mit genau derjenigen Regierung, die für Pogrome an Juden verantwortlich war. Obwohl diese Gespräche kein greifbares Ergebnis hatten, meinte Herzl, einen ersten Schritt zur Verbesserung der jüdischen Situation in Russland getan zu haben.

Auf dem Sechsten Zionistenkongress im August 1903 in Basel stellte er schließlich den Ugandaplan vor. Die Folge war, dass der Plan zwar mit 295 gegen 178 Stimmen angenommen wurde, wobei es 132 Enthaltungen gab, der Beschluss allerdings zu einer Spaltung der zionistischen Bewegung in die *Zionisten Zions* und die *Territorialisten* führte. Während die *Zionisten Zions* auf jeden Fall an der Schaffung eines jüdischen Gemeinwesens in Palästina festhalten wollten, sahen die *Territorialisten* diese Absicht als vorläufig nicht durchführbar an und forderten deswegen, zunächst eine Ansiedlung an einem anderen Ort anzustreben, um den verfolgten Juden Osteuropas eine Art Asyl bieten zu können.

Der Zionismus nach Herzl

1905 Siebenter Zionistenkongress: Bruch zwischen *Zionisten Zions* und *Territorialisten*
1907 Synthese zwischen »praktischem« und »politischem« Zionismus

Auf dem Siebenten Zionistenkongress 1905 in Basel – Theodor Herzl war bereits im Juli 1904 verstorben – kam es zum offenen Bruch zwischen den *Zionisten Zions* und den *Territorialisten*, die schließlich die Zionistische Weltorganisation verließen und sich in der *Jewish Territorial Organisation* versammelten. Allerdings versank die JTO bereits nach wenigen Jahren in die Bedeutungslosigkeit. Es gelang ihr nur vereinzelt, Juden in Ostafrika anzusiedeln. Mit der Balfour-Deklaration 1917 hatte sie eigentlich ihre Existenzberechtigung verloren.

Bei den *Zionisten Zions*, die jetzt den Kongress beherrschten, zeigten sich zwei unterschiedliche Richtungen: zum einen die »politischen« Zionisten, die jegliche Anstrengung zur Besiedlung Palästinas als vergeblich ansahen, solange keine politischen Garantien der wichtigsten Mächte gegeben waren, zum anderen die »praktischen« Zionisten, die die Ansiedlungspolitik ungeachtet des Fehlens von politischen Garantien fortsetzen wollten. Im Lauf des Siebenten Kongresses gelang es den »praktischen« Zionisten, ihre Linie durchzusetzen.

Auf dem Achten Zionistenkongress in Den Haag 1907 erreichte Chaim Weizmann eine Synthese von »praktischem« und »politischem« Zionismus. Zugleich führten die Ereignisse in der Türkei, wo die Bewegung der Jungtürken an die Macht gekommen war und politische Reformen in Aussicht stellte, dazu, dass man sich größere Chancen auf eine Einigung mit der Regierung in Konstantinopel bezüglich einer jüdischen Besiedlung Palästinas ausrechnete. Allerdings blieben alle Hoffnungen der Zionisten auf einen Durchbruch ihrer Pläne bis zum Ersten Weltkrieg unerfüllt.

Die Anfänge der jüdischen Besiedlung Palästinas bis zum Ersten Weltkrieg

1881–1904	Erste Alijah
ab 1882	Gründung neuer Siedlungen
1904–1914	Zweite Alijah

Anders als Herzl es sich vorstellte, war Palästina kein leeres Land, sondern von Arabern bewohnt, die Besiedlungsdichte jedoch nicht sehr hoch. Ein Großteil des Landes war in Besitz von einigen prominenten Familien, die es von Pachtbauern bearbeiten ließen. Man schätzt, dass um 1850 340 000 osmanische Untertanen auf dem Gebiet Palästinas lebten. 88 % dieser Menschen waren Muslime, daneben gab es rund 27 000 Christen und 13 000 einheimische Juden, die vor allem in der Gegend von Jerusalem lebten.

Bereits vor dem Entstehen der zionistischen Bewegung

gab es eine vermehrte Einwanderung von Juden nach Palästina, vor allem aus Russland, die von Philanthropen wie Sir Moses Montefiore gefördert wurde. So stieg die Zahl der Juden bis 1881 auf 24000, die sich wiederum zu einem Großteil in Jerusalem ansiedelten, wobei man seit 1860 dazu überging, die Stadt mit der Anlage eigener Viertel zu erweitern, die außerhalb der Altstadt lagen. Diese neu eingewanderten Juden wurden nicht Untertanen des Osmanischen Reichs, sondern behielten ihre ursprünglichen Staatsangehörigkeiten bei und fielen somit unter die sog. Kapitulationen, also die Abkommen, die das Osmanische Reich mit ausländischen Mächten geschlossen hatte: Die im Osmanischen Reich lebenden Ausländer standen unter dem Schutz ihrer jeweiligen Regierungen, vertreten durch Konsuln.

Seit 1881 änderte sich die Struktur der jüdischen Gemeinschaft in Palästina von Grund auf. Durch die Erste Alijah, die erste große zionistische Einwanderungsbewegung, die in diesem Jahr einsetzte und nicht religiös motiviert war, kamen Juden ins Land, die sich, anders als die bisherigen Einwanderer, nicht mehr in bereits bestehenden Ortschaften niederließen, sondern eigene, landwirtschaftlich geprägte Siedlungsformen begründeten. Im Jahr 1882 wurden trotz osmanischen Widerstands neue Siedlungen gebaut: russische Einwanderer gründeten Rischon le-Zion, Rumänen Zichron Jakob und Rosch Pina. 1883 wurden Petach Tikwa und Jessod Hama'ala gegründet. Allerdings litten diese Siedlungen gerade zu Beginn darunter, dass ihre Begründer eigentlich nicht in der Lage waren, sie landwirtschaftlich zu unterhalten, was noch durch die Tatsache verschärft wurde, dass die entsprechenden jüdischen Organisationen in Osteuropa nur sehr begrenzte Möglichkeiten hatten, ihnen Unterstützung zu gewähren. So war es Baron Edmond James de Rothschild, der innerhalb von fünfzehn Jahren mehr als anderthalb Millionen Pfund Sterling zur Unterstützung der Siedlungen bezahlte. Zudem entsandte er Spezialisten, die die Siedler in der Kunst des Gartenbaus unterrichteten, und stellte das notwendige Gerät zur Verfügung.

In der Zeit bis 1904 stieg die Zahl der jüdischen Bevölkerung Palästinas auf ca. 50 000 Menschen.

Von entscheidender Bedeutung für die Juden Palästinas war die Zweite Alijah, die von 1904 bis 1914 gerechnet wird. In dieser Zeit kamen noch einmal ca. 35 000 Juden nach Palästina, vor allem aus Osteuropa. Ihr Ziel war es explizit, den Aufbau einer jüdischen Heimstätte in Palästina im Sinne des Zionismus voranzutreiben. Vor allem die Richtung des sozialistischen Zionismus profitierte von diesem Zustrom, da viele dieser Neueinwanderer sozialistisch gesinnt waren und den Aufbau einer klassenlosen Gesellschaft anstrebten. Viele der Neueinwanderer gehörten zur späteren Führung zunächst der Juden Palästinas, dann des Staates Israel, wie David Ben-Gurion (1886–1973) und Levi Eschkol (1895–1969), die beide das Amt des israelischen Ministerpräsidenten bekleideten, oder wie Jitzchak Ben-Zvi (1884–1963) und Salman Schasar (1889–1974), die beide Staatspräsidenten Israels wurden. Die Sozialisation dieser späteren Führungsfiguren war alles in allem sehr ähnlich: Sie waren zum Großteil in den achtziger Jahren des 19. Jahrhunderts geboren, in kleineren Städten der Ukraine oder Weißrusslands aufgewachsen und vor allem als Journalisten, Historiker und Schriftsteller tätig gewesen. Sie waren auch deswegen von entscheidender Bedeutung für die Entwicklung des jüdischen Staates, weil sie Palästina nicht wieder verlassen hatten, wie es ein großer Teil der Einwanderer der Zweiten Alijah getan hatte, nachdem sich die Enttäuschung über die tatsächliche Situation im Land als zu groß herausgestellt hatte. Überhaupt hatte ja nur ein kleiner Teil der jüdischen Auswanderer aus Osteuropa den Weg nach Palästina gewählt, die weitaus meisten, nämlich rund 850 000 Menschen, waren zwischen 1904 und 1914 nach Amerika emigriert.

Die sozialistischen Ideale der Neueinwanderer der Zweiten Alijah zeigten sich vor allem an einem Phänomen: der Kibbuzbewegung. Zwar war die Zahl der Kibbuzmitglieder nie sonderlich hoch, 1941 lebten ca. 5 % der Juden Palästinas in Kibbuzim, doch in der kollektiven landwirtschaftlichen Siedlung zeigte sich, wie sich die idealistischen Einwanderer ein freies Leben vorstellten. Es ging um Arbeit, die sich in jüdischen Händen befinden sollte, es ging darum, mit den bisherigen bürgerlichen Lebensformen zu brechen, indem man Formen des Gemeineigentums einführte und das Kollektiv zur Grundlage der eigenen Gesellschaftsvorstellungen machte.

Auch in einem anderen Bereich sollte die Zweite Alijah einen Durchbruch erzielen: in der Rolle des Hebräischen. Für die ersten Zionisten wie Herzl war es noch undenkbar, Hebräisch als Sprache des neuen jüdischen Gemeinwesens anzunehmen, aber dadurch, dass einige der Hebräisch schreibenden Autoren aus Osteuropa mit der Zweiten Alijah nach Palästina kamen, konnten sie die Gelegenheit nutzen und ihren Einfluss auf die restliche jüdische Gemeinde im Land geltend machen. Zwar dauerte es noch bis in die

1920er Jahre, dass sich Hebräisch endgültig als Sprache der Juden Palästinas durchsetzte, und auch dann gab es weiterhin viele Juden, die Russisch und Jiddisch vorzogen, aber der Anfang war gemacht.

Palästina und der Zionismus im Ersten Weltkrieg

März 1916	Sykes-Picot-Abkommen
2. November 1917	Balfour-Deklaration
9. Dezember 1917	Britischer Einmarsch in Jerusalem

Der Erste Weltkrieg brachte einen entscheidenden Einschnitt in der Geschichte des Zionismus und Palästinas. Der Eintritt des Osmanischen Reichs auf der Seite der Mittelmächte führte dazu, dass Großbritannien seine Politik änderte: Während die Londoner Regierung zuvor noch für den Erhalt des osmanischen Staatswesens eingetreten war, obwohl man bereits selbst die Einverleibung Ägyptens betrieben hatte, sah man sich jetzt dazu veranlasst, den Kriegsgegner durch Bündnisse mit diversen arabischen Führern zu schwächen. So sollten die arabischen Untertanen der Osmanen zum Aufstand gegen ihre Herrschaft veranlasst werden, auch wenn dies das Ende des Osmanischen Reichs bedeuten sollte. Von besonderer Wichtigkeit für die britischen Pläne war der Scharif von Mekka, der Haschemite Hussein. Im Oktober/November 1915 ließ sich Hussein die Unterstützung für seine großarabischen Pläne vom britischen Hochkommissar in Ägypten bestätigen: Er plante ein Reich, das bis zur persischen Grenze verlaufen und alle von Arabern bewohnten Gebiete mit Ausnahme des Jemens, Teilen Syriens und Libanons umfassen sollte. Die

Unterstützung Großbritanniens für diese Pläne war jedoch eher vage und unverbindlich.

Im März 1916 schlossen Großbritannien und Frankreich das geheime Sykes-Picot-Abkommen, das den Nahen Osten in Interessensphären unterteilte: Das Gebiet nördlich der Linie Akko–Safed–Hermongebirge sollte an die Franzosen gehen, das südlich davon gelegene Gebiet bis zur Linie Gaza–Hebron–Totes Meer sollte unter britisch-französisch-russischem Schutz stehen, die Gegend um Haifa und Akko britische Enklave sein. Im heutigen Syrien sollte ein arabischer Staat unter französischer Oberhoheit entstehen, im Gebiet östlich des Jordans und im Negev ein arabischer Staat unter britischer Oberhoheit. Diese Pläne kollidierten natürlich mit den Absichten und Wünschen Husseins.

Doch auch die *Zionistische Weltorganisation* war in die Pläne der britischen Regierung eingebunden. Nachdem sich die Zionisten zunächst für neutral erklärt hatten und deswegen sogar eine Verlegung der Zentrale von Berlin nach Kopenhagen durchgeführt hatten, kam es innerhalb der Bewegung zu Streitigkeiten, welche Richtung man im Lauf des Krieges einschlagen sollte: Es gab Vertreter eines Bündnisses mit Deutschland, um die Juden in Russland zu unterstützen und ihr Leiden unter zaristischer Herrschaft und andauernden Pogromen zu beenden. Unterstützt wurde dieses Ansinnen dadurch, dass das Deutsche Reich vordergründig Interesse zeigte und dass Palästina zu diesem Zeitpunkt unerreichbar schien. So bewirkten auch Vertreter des osteuropäischen Judentums, dass sich die Juden der USA gegen einen Kriegseintritt ihres Landes auf der Seite der Entente aussprachen.

Dieser deutschfreundlichen Gruppe standen andere

Gruppen gegenüber, die sich um ein Zusammengehen mit der Entente bemühten, unter anderem in der Hoffnung, dass es britischen Truppen gelingen würde, von Ägypten aus Palästina zu erobern. Am energischsten trat dabei Wladimir Ze'ev Jabotinsky (1880–1940) auf, der spätere Führer des revisionistischen Flügels der Zionisten.

Jabotinsky stammte aus Odessa, wo er als Kind bürgerlich gesinnter Juden aufwuchs. Während seines Studienaufenthalts in Italien begeisterte er sich für das liberale Klima, das dort zu Beginn des 20. Jahrhunderts herrschte. 1903 traf er auf dem Sechsten Zionistenkongress Theodor Herzl und war von dessen Persönlichkeit tief beeindruckt. Jabotinsky schwebte ein Zionismus vor, der von den Idealen des liberalen Bürgertums geprägt war und der zugleich auch das Ziel einer jüdischen Heimstätte in Palästina mit Nachdruck verfolgte.

Jabotinsky schlug vor, eine Jüdische Legion innerhalb der britischen Streitkräfte zu gründen, die aktiv am Kampf teilnehmen sollte. Tatsächlich kam es 1917 zur Gründung des Zion-Maultierkorps, das als Nachschubeinheit allerdings mehr symbolischer Natur war.

Als im Jahr 1917 die Entente in einer tiefen Krise steckte und man dringend auf den Kriegseintritt der USA angewiesen war, sah sich die britische Regierung dazu veranlasst, auch die Interessen der Juden der USA in ihre Berechnungen mit einzubeziehen. Zu diesem Zweck diente eine Sympathie-Erklärung von Seiten des Außenministeriums, die weder an den in Berlin lebenden Präsidenten der *Zionistischen Weltorganisation*, Otto Warburg, noch an den Verhandlungsführer der Zionisten in London, Chaim Weizmann, gerichtet war. Als Adressat wählte man den Präsidenten der *English Zionist Federation*, Lord Lionel Walter Rothschild. Der Text dieser Sympathie-Erklärung lautete:

> »Seiner Majestät Regierung betrachtet die Schaffung einer nationalen Heimstätte in Palästina für das jüdische Volk mit Wohlwollen und wird die größten Anstrengungen machen, um die Erreichung dieses Zieles zu erleichtern, wobei klar verstanden werde, dass nichts getan werden soll, was die bürgerlichen und religiösen Rechte bestehender nichtjüdischer Gemeinschaften in Palästina oder die Rechte und die politische Stellung der Juden in irgendeinem anderen Lande beeinträchtigen könnte.«

Diese Sympathie-Bekundung vom 2. November 1917, nach dem britischen Außenminister als Balfour-Deklaration bezeichnet, gab den Ausschlag für die Zionisten, sich mit den Kriegszielen der Entente solidarisch zu erklären. Bereits einen Monat später zog der britische Feldmarschall Lord Allenby in Jerusalem ein, mit ihm die Jüdische Legion, die nach der Balfour-Deklaration auf 4000 Soldaten angewachsen war, die vor allem aus Großbritannien und den USA kamen.

Der Kern des späteren Nahostkonflikts war damals bereits gegeben, die britische Regierung hatte sowohl Juden als auch Arabern Versprechungen – wenn auch in unverbindlicher Form – gemacht, die sie so nicht halten konnte, während sie zugleich mit den verbündeten Großmächten eine Aufteilung des Nahen Ostens in Interessensphären vereinbart hatte. Die Verwirklichung eines dieser drei Konzepte bedeutete, dass bei den jeweils anderen beiden Abstriche hätten gemacht werden müssen. Gleichzeitig waren sich die jüdischen und arabischen Vertreter nicht bewusst, wie wenig Großbritannien an der Verwirklichung ihrer Vorstellungen lag.

Vorgeschichte II: Von der *Jewish Agency* zum jüdischen Staat (1917–1948)

Epochenüberblick

Mit dem britischen Einmarsch in Palästina 1917 sowie der Zuteilung des Gebiets an Großbritannien als Völkerbundsmandat ergab sich für die Zionisten eine günstige Gelegenheit, ihren Anspruch auf Palästina durch weitere Zuwanderungen zu untermauern.

Allerdings erwies es sich als hinderlich, dass Großbritannien nicht nur mit den Zionisten, sondern auch mit arabischen Herrschern Abkommen über die Zusammenarbeit abgeschlossen hatte. In der Folgezeit musste Großbritannien zwischen Juden und Arabern vermitteln, wobei der Konflikt mit den arabischen Einwohnern Palästinas nicht entschärft werden konnte, da die Interessen beider Seiten einen Kompromiss ausschlossen.

Eine unbeschränkte Einwanderung von Juden war dadurch nicht möglich, die Zionisten mussten immer das demographische Gefüge berücksichtigen, das sich nicht zu sehr zuungunsten der arabischen Bewohner Palästinas verschieben durfte. Trotzdem gelang es den zionistischen Organisationen, quasi-staatliche Strukturen aufzubauen, die die spätere Gründung eines jüdischen Gemeinwesens förderten.

Mit dem Arabischen Aufstand von 1936 bis 1939, der sich zu Beginn gegen Briten und Juden wandte, aber nach kurzer Zeit zu einem innerarabischen Bürgerkrieg wurde, konnten die Juden sich zwar den Briten gegenüber als vergleichsweise loyal erweisen, eine Haltung, die sich auch im Zweiten

Weltkrieg fortsetzte, allerdings wurden sie nicht in der erhofften Weise durch Großbritannien belohnt. Die britischen Pläne, das Land zu teilen, führten zu keiner Lösung, so dass auch die jüdische Seite nach dem Ende des Zweiten Weltkriegs zur Gewalt gegen britische Einrichtungen und Mandatsvertreter überging, um einen eigenen Staat zu erkämpfen.

Als die Situation im Mandatsgebiet immer unhaltbarer wurde, entschloss sich die britische Regierung dazu, das Mandat an die Vereinten Nationen zu übergeben, die wiederum mit einem Teilungsplan, der von der jüdischen Seite angenommen, aber von der arabischen Seite abgelehnt wurde, eine Lösung vorschlugen, die in die Gründung des Staates Israel mündete.

Konsolidierung des jüdischen Anspruchs auf Palästina

1921 Chaim Weizmann Präsident der *Zionistischen Weltorganisation*

1922 Palästina wird britisches Völkerbundsmandat
Gründung der *Jewish Agency for Palestine*

Am Ende des Ersten Weltkriegs ging es zunächst darum, die Ansprüche der Zionisten auf internationaler Ebene durchzusetzen: Dazu dienten die Friedenskonferenzen in Paris, zu denen auch arabische Vertreter geladen wurden. Es war die Frage, wie sich die Araber zu den Ansprüchen der Juden verhalten würden, die – nach Chaim Weizmann – darauf hinausliefen, Palästina so jüdisch zu machen, wie England englisch und Amerika amerikanisch war. Tatsächlich äußerte sich Faisal, der Sohn des Scharifen von Mekka,

Hussein, durchaus positiv zu den zionistischen Plänen, da er durch ihre Unterstützung die Verwirklichung des Traums von einem arabischen Großreich durch die Großmächte erreichen wollte.

Faisal hatte sich im Ersten Weltkrieg auf die Seite der Alliierten, vor allem der Briten, gestellt, mit deren Hilfe er gegen die osmanische Herrschaft über die arabischen Gebiete rebellierte. Sein Ziel bestand nicht einfach in der Unabhängigkeit des Teils der Arabischen Halbinsel, über den die Haschemiten herrschten, sondern auch in einer Vereinigung aller Länder des arabischen Ostens unter seiner Krone. Ein solches Reich hätte vom Mittelmeer bis zum Irak gereicht und auch weite Teile der Arabischen Halbinsel eingeschlossen. Damit geriet Faisal in einen Interessenkonflikt mit seinen Verbündeten, die andere Pläne hatten, nämlich die entsprechenden Gebiete selbst zu dominieren.

Ein Abkommen mit der *Zionistischen Weltorganisation* sollte einen wichtigen Beitrag für Faisals Ambitionen leisten: Am 3. Januar 1919 unterzeichneten der Haschemite und Chaim Weizmann ein Papier, in dem beide Parteien vereinbarten, in Zukunft als zwei Staaten freundschaftlich miteinander umzugehen. Die Grenzen zwischen dem arabischen und dem jüdischen Staat sollten erst später durch eine gemeinsame Kommission festgelegt werden. Grundlage des jüdischen Staates sollte die Balfour-Deklaration sein, des weiteren sollte eine unbeschränkte Zuwanderung von Juden auf das Gebiet des jüdischen Staates ermöglicht werden. Religionsfreiheit sollte in beiden Staaten garantiert werden, die heiligen Stätten des Islam sollten unter muslimischer Verwaltung bleiben. Die *Zionistische Weltorganisation* sollte eine Kommission schicken, um die wirtschaftlichen Möglichkeiten beider Staaten, und nicht nur des jüdischen, zu eruieren. Bei eventuell anfallenden Differenzen sollte Großbritannien als Schiedsrichter agieren.

Beide Seiten erhofften sich von diesem Abkommen (nach den beiden Unterzeichnern als Faisal-Weizmann-Abkommen bezeichnet) einen positiven Einfluss auf die Verhandlungen mit den Alliierten, da somit mögliche Konflikte zwischen jüdischen und arabischen Interessen von vornherein ausgeräumt wurden. Ob allerdings eine Umsetzung dieser Abmachung tatsächlich so problemlos gewesen wäre, wie es in dem Papier formuliert wurde, kann durchaus bezweifelt werden. Gerade die Frage der Grenzziehung, die ja offenblieb, war besonders konfliktträchtig, da beide Seiten für sich das optimale Ergebnis herauszuholen gedachten. Dazu kam noch, dass sich beide Seiten nur auf Großbritannien als Garantiemacht bezogen. Da jedoch der arabische Staat nach dem Willen Faisals ein Gebiet umfassen sollte, das auch in der Interessensphäre Frankreichs lag, war eine Regelung auch mit diesem Staat unumgänglich, und eine solche Regelung hätte auch die Interessen des jüdischen Staates betreffen können.

Dazu stellt sich natürlich die Frage, ob beide Seiten es mit dem Abkommen überhaupt ehrlich meinten oder ob es nur als Mittel zum Zweck diente, um die jeweils andere Partei zu binden und sich somit eine bessere Ausgangsposition zu verschaffen.

Kurzfristig hatte Faisal Erfolg, es gelang ihm im Jahr 1920, in Syrien einen eigenen Staat auszurufen, der jedoch nach einigen Monaten von den Franzosen aufgelöst wurde.

Die Haschemiten wurden vor vollendete Tatsachen gestellt: Syrien und der Libanon fielen unter französische Verwaltung, Palästina (mit Transjordanien) und der Irak unter britische Kontrolle. Faisal wurde schließlich König des Irak, Transjordanien wurde 1921 von Palästina abgetrennt und Faisals Bruder Abdallah, der Ende 1922 Amman im Handstreich besetzt hatte, im Jahre 1923 als Emir bestätigt. Die Erfolge der Haschemiten-Familie erlitten jedoch einen herben Rückschlag, als Mekka und Medina, wo Faisals und Abdallahs Vater regierte, im Jahre 1924 von dem Wahhabiten Ibn Saud erobert wurde. Damit war der Traum eines arabischen Großreichs unter den Haschemiten endgültig geplatzt.

Zugleich bedeutete das Ende der haschemitischen Großmachtträume auch ein vorläufiges Scheitern der zionistischen Ambitionen, durch ein Abkommen mit einer arabischen Partei zu einem eigenen Gemeinwesen zu gelangen. Letztlich war nur Großbritannien als Ansprechpartner geeignet.

Was Palästina anging, so wurde das britische Mandat von der Völkerbundstagung 1922 in London bestätigt. Ziel der *Zionistischen Weltorganisation*, an deren Spitze seit 1920 Chaim Weizmann stand, war es nun, durch forcierte Einwanderung die Errichtung einer jüdischen Heimstätte voranzutreiben.

Für die Briten war diese Politik der Zionisten ein Problem; sie befürchteten eine Veränderung des demographischen Status quo, der zum Widerstand der arabischen Bevölkerung führen musste. So wurde bereits 1922 vom britischen Kolonialminister Churchill ein Weißbuch herausgegeben, dessen Politik gegenüber den Zionisten folgendermaßen zusammengefasst werden kann:

1. Das »jüdische Nationalheim« wird in Palästina errichtet, Palästina ist den Juden nicht als nationale Heimstätte gegeben worden.
2. Dem jüdischen Volk in seiner Gesamtheit ist das Recht verliehen worden, das »Nationalheim« zu errichten.
3. Die jüdische Gemeinschaft im Land ist, unterstützt von den Bemühungen des gesamten jüdischen Volkes, kraft eigenen Rechts und nicht aus Duldung in Palästina.
4. Die Einwanderung darf in ihrem Ausmaß nicht so groß sein, dass sie die jeweilige wirtschaftliche Aufnahmekapazität des Landes übersteigt.

Diese Absichtserklärung führte bei den Zionisten zu großer Enttäuschung, denn zum einen sah man das Ziel einer Heimstätte nur auf einen Teil Palästinas, noch dazu nur auf das Gebiet westlich des Jordans, beschränkt, zum anderen bemängelte man, dass die Einwanderung nicht an so abstrakten Kriterien wie der Aufnahmekapazität gemessen werden dürfe, sondern die innere Dynamik der jüdischen Siedlungen berücksichtigen müsse.

Trotzdem sahen sich die Zionisten dazu gezwungen, mit der britischen Mandatsmacht zusammenzuarbeiten. Nach den Mandatsbestimmungen wurde eine *Jewish Agency for Palestine* gegründet, deren Aufgabe es war, die Mandatsregierung in wirtschaftlichen, sozialen und anderen Angelegenheiten zu beraten. Die *Agency* funktionierte also als eine Art Selbstverwaltungskörperschaft, die die Juden Palästinas sowohl nach innen als auch nach außen vertrat.

Den Arabern Palästinas war ebenfalls die Gründung einer entsprechenden Körperschaft angeboten worden, allerdings lehnten sie ab, um einer Schwächung der eigenen

Rechtsposition durch Anerkennung zionistischer Interessen zu entgehen.

Unter dem Dach der *Jewish Agency* entwickelte sich das jüdische Schulwesen im Land, 1921 wurde ein Oberster Rabbinischer Gerichtshof eingerichtet, an dessen Spitze ein aschkenasischer und ein sephardischer Rabbiner standen.

1927 wurden Wahlen zu den zuvor von der *Jewish Agency* ernannten Gemeinderäten eingeführt. Hebräisch war neben Englisch und Arabisch Landessprache. Damit war auch innerhalb der Juden Palästinas die Entscheidung gefallen, welche Sprache die eigene Nationalsprache sein wird: Jiddisch oder Hebräisch.

Die unterschiedlichen Richtungen des Zionismus

1902	Zionistische Ausrichtung der *Mizrachi*-Bewegung
1920	Gründung der *Histadrut* und der *Haganah*
1920–1923	Dritte Alijah
1926	Gründung des *Brit Schalom*
1930	Gründung der *Mapai*
1935	Gründung der *Neuen Zionistischen Organisation*

Die Dritte Alijah zwischen 1920 und 1923 brachte noch einmal ca. 30 000 Juden ins Land, wobei etwa 12 000 von ihnen mit Genehmigungspapieren der *Jewish Agency* kamen. So konnte vor allem die Einwanderung von Arbeitern, sowohl auf dem landwirtschaftlichen Sektor als auch beim Bau, gefördert werden. Es entstand eine jüdische Arbeiterschicht in Palästina, die auch entsprechende politische Auswirkungen hatte: 1920 wurden die Einzelgewerkschaften im

Dachverband der *Histadrut* zusammengeschlossen. Dieser Dachverband nahm nicht nur die gewerkschaftlichen Interessen seiner Mitglieder wahr, sondern förderte auch aktiv die kolonisatorischen, wirtschaftlichen und kulturellen Angelegenheiten der Juden Palästinas. Er wurde damit zu einem Machtfaktor im Land, da sich sein Einfluss nicht nur auf die Arbeitnehmer beschränkte, sondern die gesamte jüdische Bevölkerung betraf.

Auch die sozialistischen Parteien erreichten eine Konzentration ihrer Kräfte: Im Jahr 1930 schloss sich in Tel Aviv die sozialistische *Achdut Ha'avodah* mit der nicht-sozialistischen, aber national-sozial eingestellten Partei *Hapo'el Hatza'ir* zur *Mapai* zusammen. Diese Partei, neben der noch kleinere sozialistische Gruppierungen bestanden, sollte unter David Ben-Gurion (1886–1973), der zuvor Vorsitzender der *Histadrut* gewesen war und später erster Ministerpräsident Israels wurde, zur führenden Kraft in Palästina und lange Zeit auch in Israel werden.

David Ben-Gurion stammte ursprünglich aus Płońsk, das zum russischen Teil Polens gehörte, und war in einer zionistischen Familie aufgewachsen. Nachdem er sich während seines Studiums in Warschau sozialistischen Zionisten angeschlossen hatte, emigrierte er im Jahre 1906 nach Palästina, wo er schnell bei den *Poalei Zion*, einer zionistischen Organisation, Karriere machte. 1912 zog er nach Konstantinopel, um dort Jura zu studieren, wurde jedoch 1915 des Landes verwiesen und gelangte in die USA, wo er heiratete. Im Jahre 1918 schloss er sich der Jüdischen Legion in der Britischen Armee an und gelangte so wieder nach Palästina. Dort war er maßgeblich an der Umformung der *Mapai* und an ihrer Verzahnung mit der *Histad-*

rut beteiligt und wurde somit zum wichtigsten Vertreter des sozialistischen Zionismus innerhalb und außerhalb Palästinas.

Auf der bürgerlichen Seite gab es die *Allgemeinen Zionisten*, deren wichtigster Vertreter Chaim Weizmann (1874–1952) zwar seit 1921 den Vorsitzenden der *Zionistischen Weltorganisation* stellte, die jedoch als Partei immer mehr an Einfluss verloren.

Chaim Weizmann stammte aus Motal bei Pinsk und hatte in Deutschland und der Schweiz ein Chemiestudium absolviert. Ab 1904 lehrte er in Manchester und nahm 1910 die britische Staatsbürgerschaft an. Von 1916 bis 1919 arbeitete er bei der Königlichen Admiralität, wo er eine neue Form der Acetonherstellung entwickelte, die sich als wichtig für den Erfolg der Alliierten im Ersten Weltkrieg erweisen sollte. Zugleich war er ein glühender Anhänger des Zionismus, der im Lauf seines Engagements bei mehreren Zionistischen Kongressen einen wichtigen Beitrag zur Einheit der zionistischen Gruppierungen leistete.

Auf der Pariser Friedenskonferenz von 1919 hatte er, wie bereits berichtet, mit dem haschemitischen Emir das Faisal-Weizmann-Abkommen geschlossen, in dem Araber und Juden sich über eine Aufteilung Palästinas einigten, das jedoch durch die Interessen der britischen Politik nicht umgesetzt werden konnte.

Wichtiger waren die Revisionisten, die unter Wladimir Ze'ev Jabotinsky zum Gegenspieler der Sozialisten und der *Allgemeinen Zionisten* wurden. Jabotinsky vertrat die Auffassung, dass man sowohl den Briten als auch den Arabern mit einer Entschiedenheit gegenübertreten müsse, die er bei den anderen Parteien vermisste. Ursprünglich noch ein

Verfechter eines Bündnisses mit den Briten, die er mit der von ihm begründeten Jüdischen Legion unterstützen wollte, trat er immer mehr als Gegner der Mandatsmacht auf, nachdem seine Forderungen nach einer legalen jüdischen Streitmacht in Palästina nicht erfüllt wurden. Diese Streitmacht sollte die jüdische Einwanderung und die Existenz jüdischer Siedlungen in Palästina sichern; sie war vor allem als Druckmittel gegenüber den Arabern gedacht und sollte, wenn überhaupt, vor allem defensiv zum Einsatz kommen. Ziel der Einwanderung sollte es sein, möglichst schnell eine jüdische Mehrheit in Palästina zu erreichen, die die Araber dazu zwingen sollte, Kompromisse einzugehen und als Minderheit in einem jüdischen Staat zu leben. Von den anderen zionistischen Parteien wurden Jabotinskys Forderungen abgelehnt, da sie ihnen zu radikal und zu ungeduldig erschienen, wobei sich der Streit lediglich um die Art und Weise drehte, auf die ein jüdischer Staat zu erreichen sei.

Deswegen trennte sich Jabotinsky 1935 endgültig von der *Zionistischen Weltorganisation* und gründete die *Neue Zionistische Organisation.*

Jabotinskys Streitmacht, die *Haganah*, formierte sich 1920 tatsächlich, sah sich jedoch dazu gezwungen, im Untergrund zu agieren, da die Briten ihr die Anerkennung versagten. Sie wurde schließlich von der *Histadrut* übernommen und erlangte die Stellung einer Art Selbstschutzorganisation der *Jewish Agency*, die vor allem den sozialistischen Parteien nahestand und die schließlich zur offiziellen Armee des Staates Israel wurde. Radikale Splittergruppen, die sich von der *Haganah* getrennt hatten, gingen in einem den Revisionisten nahestehenden Militärverband namens

Irgun Tzeva'i Le'umi (oft kurz als *Irgun* oder *Etzel* bezeichnet) auf, von dem sich wiederum eine noch radikalere Gruppe abspaltete, die *Lochamei Cherut Israel* (kurz *Lechi*). Beide Gruppierungen übertrafen Jabotinsky bei weitem an Militanz und führten nach seinem Tod zu einer Radikalisierung der revisionistischen Bewegung, wobei die beiden Kampfgruppen auch nicht vor Terrorakten gegen Briten und Araber zurückschreckten.

Einen vierten Flügel der jüdischen Parteienlandschaft in Palästina bildeten die Religiösen. Bereits 1902 hatte sich die *Mizrachi*-Bewegung den Zionisten angeschlossen, nach der Einrichtung der *Jewish Agency* sahen sie die Gelegenheit gekommen, ihren Einfluss auf die jüdische Bevölkerung Palästinas geltend zu machen. Sie stellten auch den aschkenasischen Oberrabbiner und konnten somit den Bereich des Eherechts und andere Angelegenheiten des Personenstandsrechts entscheidend prägen.

Alle diese Parteien hatten nicht vor, einem Konflikt mit den Arabern aus dem Weg zu gehen. Persönlichkeiten, die auf einen Kompromiss mit der einheimischen Bevölkerung setzten, waren nicht sehr zahlreich. Sie formierten sich seit 1926 im *Brit Schalom*, der vor allem von deutschen und mitteleuropäischen Juden geprägt und von bürgerlich-liberalen und konservativ-religiösen Schichten getragen wurde. *Brit Schalom* setzte sich für einen binationalen Staat Palästina ein, in dem Juden und Araber gleichberechtigt miteinander leben sollten. Bereits zur Gründungszeit des *Brit Schalom* war dieses Konzept jedoch in die Bedeutungslosigkeit gefallen.

Die arabische Bevölkerung Palästinas

1921	Amin al-Husseini Vorsitzender des *Obersten Muslimischen Rates*
1936–1939	Arabischer Aufstand

Was die Araber Palästinas angeht, so standen auch sie seit der Mitte des 19. Jahrhunderts vor großen Veränderungen: Palästina war kein einheitliches Verwaltungsgebiet, sondern bestand aus mehreren Bezirken, die zum Verwaltungsgebiet Großsyrien gehörten. Da diese Gegend stark vom Mittelmeerhandel beeinflusst war, konnten sich dort europäische Ideen ausbreiten, die die bisher vorherrschenden feudalen Systeme, die auch von der osmanischen Herrschaft nicht angetastet worden waren, aufbrachen. Neue wirtschaftliche und nationalstaatliche Konzepte, die am Ende des 19. Jahrhunderts in einen arabischen Nationalismus mündeten, fanden Verbreitung. Dabei spielte die innen- und außenpolitische Schwäche des Osmanischen Reichs eine wichtige Rolle. Um diese Schwäche zu beenden, beschloss die osmanische Führung eine Reihe von Reformen, die zunächst einmal das Militärwesen betrafen, dann aber auch andere Bereiche erfassten: So wurden 1858 die Bauern in den palästinensischen Verwaltungsgebieten verpflichtet, ihren Grundbesitz staatlich registrieren zu lassen. Das zuvor oft in Gemeinschaftseigentum bebaute Land wurde dadurch zur Verfügungsmasse einiger weniger Großgrundbesitzer, die ihren Boden weiterverpachteten. An der Lage der Bauern änderte sich zunächst wenig, allerdings wurden in der Folgezeit Landverkäufe an zionistische Organisationen durch diese Besitzverhältnisse erleichtert.

An diesen Verhältnissen änderte sich auch nach dem Ersten Weltkrieg nichts Grundlegendes: Die arabische Bevölkerung Palästinas musste sich weiterhin an wichtigen Großfamilien orientieren, von denen sie politisch und ökonomisch abhängig war. Diese Familien, die in der Regel nicht als Landbesitzer, sondern als Händler in Erscheinung traten, stellten die sogenannten Notabeln, die aufgrund ihres Vermögens und politischen Einflusses die wichtigsten Entscheidungsträger des Gebiets waren.

Dabei sahen sich die beiden führenden Familien des Landes, Naschaschibi und Husseini, gezwungen, nach dem Ende des Traums von einem arabischen Großreich unter der Führung der Haschemiten mit den Briten zu kooperieren. Während die Familie Naschaschibi durchaus die Möglichkeit zum politischen Handeln innerhalb des Mandats sah, verfocht die Familie Husseini eine weitaus nationalistischere Linie. Die Briten wiederum konzentrierten sich vor allem darauf, beide Familien gegeneinander auszuspielen, um so die Bildung einer gemeinsamen Front gegen das Mandat zu verhindern. So stellten die Naschaschibis den Bürgermeister von Jerusalem, während Amin al-Husseini von den Briten 1921 als Vorsitzender des *Obersten Muslimischen Rates* eingesetzt wurde. Davon versprach man sich, den radikalen Mufti besser kontrollieren zu können. Dazu gezwungen, die realen Machtverhältnisse anzuerkennen, war es Amin al-Husseini kaum möglich, gegen die Briten zu opponieren, obwohl er ihr Mandat ablehnte. Er verlegte sich darauf, das Aufbauwerk der Zionisten zu bekämpfen.

Objekt der Ablehnung waren dabei nicht nur die zionistischen Ansiedlungen, die sich in der Regel nicht in arabischen Siedlungen befanden, sondern auch die alteingesessene jüdische Bevölkerung, die so gut wie immer in unmittelbarer Nachbarschaft mit den muslimischen und christlichen Arabern lebte. Dabei spielte Jerusalem eine besonders herausragende Rolle: Als heilige Stadt aller drei monotheistischen Religionen war ihr Besitz von jeher eine Frage des eigenen Prestiges, dazu kommt noch, dass die heiligen Stätten aller drei Glaubensrichtungen in der Altstadt von Jerusalem besonders eng beieinander liegen, im Fall des Tempelbergs, an dessen Fuß die jüdische Klagemauer und auf dem der muslimische Felsendom liegen, sogar so nahe, dass Kontakte zwischen verschiedenen Religionsangehörigen gar nicht ausbleiben können. So kam es bereits im April 1920 zu Ausschreitungen in Jerusalem, bei denen fünf Juden und vier Araber ums Leben kamen. Im Mai 1921 folgten schwere Auseinandersetzungen zwischen Juden und Arabern in Jaffa, bei denen 48 Juden und 47 Araber getötet wurden. Im August 1929 erreichte der Streit um den Zugang zur Klagemauer, der seit 1928 ausgetragen wurde, einen gewaltsamen Höhepunkt mit 133 getöteten Juden und 116 getöteten Arabern, wobei in Hebron 64 Juden der dortigen alteingesessenen Gemeinde, die keine Verbindung zum Zionismus unterhielt, ermordet und die übrigen vertrieben wurden. Die Briten setzten nach diesen Ereignissen eine Untersuchungskommission ein, die zu dem Ergebnis kam, dass die Bevölkerungsverschiebung zugunsten der Juden und der Erwerb von Boden durch die jüdischen Einwanderer die Ursache der Gewalt gewesen seien. Es wurden Überlegungen laut, weitere Einwanderungen zu unterbinden, da man sie auch in Zusammenhang mit der arabischen Arbeitslosigkeit brachte. Eine zweite Kommission hob jedoch den positiven Effekt jüdischer Einwanderung für die wirtschaftliche Entwicklung hervor; mit Hilfe von prominenten konservativen Politikern gelang es den zionistischen Vertretern, einen Einwanderungsstopp zu verhindern.

Mit der nationalsozialistischen Machtübernahme in Deutschland kam es nach einer relativ ruhigen Phase zwischen 1930 und 1933 ab 1933 zu erneuten Masseneinwanderungen nach Palästina: Zwischen 1933 und 1935 gelangten 134 000 Juden in das Mandatsgebiet, wobei die arabischen Großgrundbesitzer durchaus dazu bereit waren, die Landverkäufe an die Juden fortzusetzen. Diese beiden Faktoren (Einwanderung und Landkauf) führten zu einer immer stärker werdenden Unzufriedenheit der arabischen Bevölkerung, die befürchtete, langfristig in der Minderheit zu sein. 1935 forderten die Araber politische Unabhängigkeit, das Ende der jüdischen Einwanderung und einen Stop jüdischen Landerwerbs. Der britische Hochkommissar schlug die Bildung eines Gesetzgebenden Rates vor, der aus 28 mehrheitlich arabischen Mitgliedern bestehen sollte. Während die arabische Seite weder zustimmte noch ablehnte, widersetzten sich die Juden diesem Vorschlag.

Im Frühjahr 1936 brach der Arabische Aufstand aus, der bis 1939 andauerte und dem insgesamt ungefähr 2850 Araber, 1200 Juden und 700 Briten zum Opfer fielen, wobei die letzte Phase des Aufstands eine blutige Auseinandersetzung zwischen gemäßigten und radikalen arabischen Kräften war.

Der Aufstand der Araber richtete sich sowohl gegen die Tätigkeit der Zionisten in Palästina als auch gegen die britische Herrschaft. Im Juli 1936 bildete sich das *Arabische Ho-*

he Komitee unter der Führung Amin al-Husseinis, das zunächst zur Ausschaltung gemäßigter arabischer Politiker führte, so dass die radikalen Kräfte den Ton angaben. 1937 wurde das *Arabische Hohe Komitee* von den Briten aufgelöst, Amin al-Husseini floh in den Libanon, aber der Aufstand ging trotzdem weiter. Die *Jewish Agency* versuchte, die Gunst der Stunde zu nutzen, und startete eine Besiedlungsoffensive in entlegenen Gebieten, um Tatsachen zu schaffen, die nach dem Ende der Unruhen zu einer besseren Ausgangslage für weitere Forderungen führen sollte.

Die anderen arabischen Länder bekundeten zwar ihre Sympathie für den Aufstand, ließen sich jedoch nicht zu praktischer Hilfe hinreißen, da sie befürchteten, in einen Konflikt mit Großbritannien und Frankreich hineingezogen zu werden. Deswegen setzten sie darauf, in diesem Konflikt zu vermitteln, in der Hoffnung, diese Vermittlung würde von den Großmächten anerkannt werden und die Verhandlungen über Unabhängigkeit und wirtschaftliche Entwicklung mit den Kolonialstaaten positiv beeinflussen.

Die Folgen des arabischen Aufstands

1937	Teilungsplan der Peel-Kommission
1942	Biltmore-Konferenz
29.11.1947	Teilungsbeschluss der Vereinten Nationen
15.5.1948	Ende des britischen Mandats

Am 7. August 1936 wurde eine Untersuchungskommission unter Earl William Peel eingesetzt, die nach Palästina reiste, um sich dort ein Bild von der Situation zu machen, und die unterschiedlichen Parteien befragte. Die Kommission kam

in ihrem Bericht, der 1937 veröffentlicht wurde, zu dem Ergebnis, dass die Verpflichtungen der britischen Regierung gegenüber Arabern und Juden nicht in Einklang zu bringen seien. Deswegen wurde vorgeschlagen, das Land aufzuteilen: Es sollten folgende drei Provinzen entstehen, wobei die Mandatsmacht die Oberhoheit behalten und sich um Bereiche wie auswärtige Angelegenheiten, Verteidigung, Zölle, Eisenbahn, Post- und Telegrafenwesen kümmern sollte:

1. Ein arabischer Staat, der fast den gesamten Negev mit der heutigen Westbank umfasste, mit einer Fläche von rund 20 500 Quadratkilometern und einer Gesamtbevölkerung von rund 850 000 Arabern.
2. Ein jüdischer Staat in Galiläa mit einem Küstenstreifen bis südlich von Jaffa, mit einer Fläche von 4900 Quadratkilometern und einer Bevölkerung von 194 000 Juden und 296 000 Arabern.
3. Ein Korridor zwischen Jaffa und Jerusalem unter britischer Kontrolle mit einer Fläche von 790 Quadratkilometern und 220 000 Einwohnern, darunter 78 000 Juden.

Falls die Regierung diesem Plan nicht folgen sollte, schlug die Peel-Kommission vor, die jüdische Einwanderung in den nächsten fünf Jahren auf maximal 12 000 Personen pro Jahr zu beschränken und den Juden zu verbieten, in bestimmten Zonen Boden zu erwerben und sich anzusiedeln.

Für die Vertreter der Juden Palästinas waren die Vorschläge der Peel-Kommission ein Rückschlag, trotzdem setzten sich Ben-Gurion und Weizmann dafür ein, sie an-

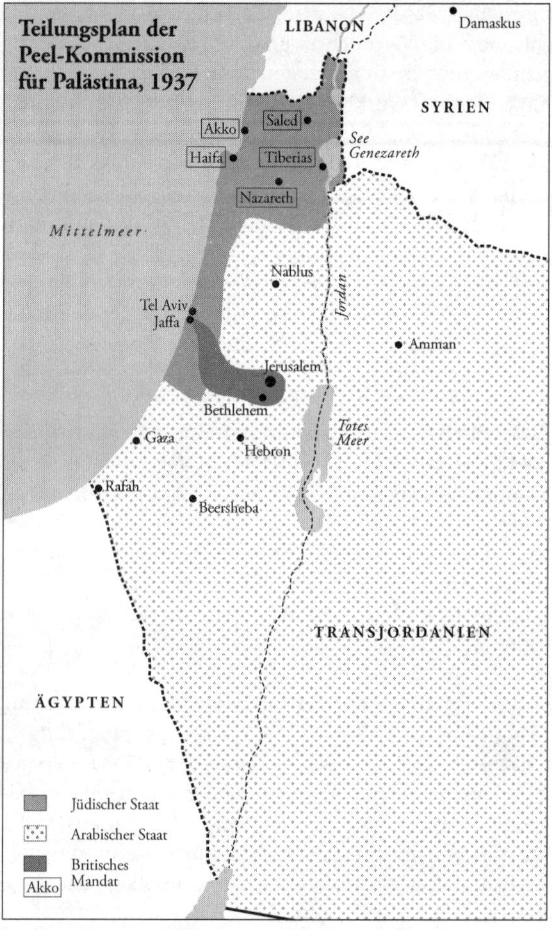
Teilungsplan der
Peel-Kommission
für Palästina, 1937
LIBANON
Damaskus
SYRIEN
Akko
Safed
Haifa
Tiberias
See
Genezareth
Nazareth
Mittelmeer
Nablus
Jordan
Tel Aviv
Jaffa
Amman
Jerusalem
Bethlehem
Totes
Meer
Gaza
Hebron
Rafah
Beersheba
TRANSJORDANIEN
ÄGYPTEN
Jüdischer Staat
Arabischer Staat
Britisches
Mandat
Akko

zunehmen, da sie in ihnen den ersten Schritt hin zu einem jüdischen Staat sahen. Es war jedoch nicht ihre Absicht, sich mit der jüdischen Provinz zu begnügen, vielmehr war es in ihren Augen ein Arrangement für 25 bis 30 Jahre, das die Fortsetzung der Einwanderung sichern sollte.

Während die jüdische Seite den Vorschlägen der Peel-Kommission also zustimmte, lehnte die arabische Seite sie als inakzeptabel ab und setzte den Aufstand fort. Amin al-Husseini nahm Kontakt zum nationalsozialistischen Deutschland auf, um ein gemeinsames Vorgehen gegen die Briten anzuregen.

Die Londoner Regierung unternahm noch einen letzten Versuch, die Araber für ein Abkommen zu gewinnen, indem sie im Mai 1939 in einem Weißbuch vorschlug, den jüdischen Staat auf das Gebiet um Tel Aviv zu beschränken und die jüdische Einwanderung auf insgesamt 75 000 Personen festzulegen. Aber auch dieser Vorschlag stieß auf Ablehnung, diesmal von beiden Seiten.

Zu einer entscheidenden Änderung der Lage kam es durch den Zweiten Weltkrieg: Während Amin al-Husseini mit den Deutschen paktierte und damit für die Briten endgültig nicht mehr als Verhandlungspartner infrage kam, unterstützte die *Jewish Agency* trotz ihrer Opposition zum Weißbuch Großbritannien im Kampf gegen Deutschland. Ben-Gurion prägte dafür die Formel: »Wir werden gemeinsam mit England Hitler bekämpfen, als gäbe es kein Weißbuch, und wir werden das Weißbuch bekämpfen, als gäbe es keinen Krieg.« Man rief dazu auf, den Militärdienst bei den alliierten Streitkräften abzuleisten, um gegen Deutschland zu kämpfen. Diesem Aufruf folgten innerhalb kurzer Zeit 130 000 Juden. In Palästina selbst wurde die *Haga-*

nah ausgebaut und 1941 mit der *Palmach* eine Eliteeinheit geschaffen, um gegen eine deutsch-italienische Invasion kämpfen zu können, wobei Teile dieser Einheit zusammen mit britischen Truppen im Südlibanon gegen das Vichy-Regime vorgingen.

1942 wurde im New Yorker Biltmore-Hotel eine Sitzung von 600 Vertretern zionistischer Organisationen aus den USA, Kanada und mehreren europäischen Staaten abgehalten, in der die restriktive Einwanderungspolitik der Briten abgelehnt und die Errichtung eines jüdischen Commonwealth statt der Oberhoheit Londons über Palästina gefordert wurde. Die Beschlüsse der Biltmore-Konferenz, die auf Betreiben Ben-Gurions zustande kamen, erhielten keine ungeteilte Zustimmung: Chaim Weizmann und führende Vertreter der US-amerikanischen Zionisten wandten sich gegen die Forderung nach einem eigenen Staat zu diesem Zeitpunkt und sahen in dem Programm eine offene Kampfansage an Großbritannien, die das gemeinsame Vorgehen gegen Hitler-Deutschland gefährden könnte.

In Palästina nahm in dieser Zeit die illegale Einwanderung von Juden aus den europäischen Ländern zu. Die *Jewish Agency* bemühte sich, möglichst viele verfolgte Juden von rumänischen und bulgarischen Häfen aus nach Palästina gelangen zu lassen. Oft fielen solche Schiffe in die Hände der britischen Marine; die Passagiere wurden nach Mauritius und Zypern deportiert, wo man sie zunächst selbst nach Kriegsende nicht freiließ, um ihre Einwanderung nach Palästina zu verhindern.

Nach Kriegsende hatte die zionistische Führung darauf gehofft, dass ein Regierungswechsel in London zu einer Änderung der britischen Palästina-Politik führen würde, zumal die Labour Party in der Opposition durchaus Sympathien für die zionistische Sache gezeigt hatte. Als sie jedoch 1945 an die Regierung kam, hielt auch sie an den Einwanderungsbeschränkungen fest, um die arabische Seite nicht noch weiter zu provozieren. Trotzdem versank Palästina immer mehr in einem Bürgerkrieg, in dem die britische Mandatsmacht zunehmend die Kontrolle über das Land verlor. Zugleich hatte das zionistische Anliegen nach dem Bekanntwerden der Schoah deutlich an internationaler Unterstützung gewonnen. Ein jüdischer Staat erschien vor allem der westlichen Welt als Konsequenz der Ermordung von sechs Millionen Juden gerechtfertigt und notwendig.

Im Februar 1947 sah sich die britische Regierung dazu gezwungen, das weitere Schicksal des Mandats in die Hände der Vereinten Nationen zu legen. Im Mai 1947 wurde eine *Sonderkommission für Palästina* (UNSCOP) durch die Vollversammlung der Vereinten Nationen eingesetzt; sie arbeitete folgenden Plan aus:

1. Das britische Mandat wird am 15. Mai 1948 beendet. Palästina wird in je einen unabhängigen arabischen und jüdischen Staat geteilt. Die Stadt Jerusalem wird eine eigenständige Einheit (»corpus separatum«), die von einem UN-Treuhandschaftsrat verwaltet wird.
2. Die zwei Staaten bestehen aus zwei Gebietssektoren, die in einer Wirtschaftsunion miteinander verbunden sind.
3. Die Einwanderungsbestimmungen der Mandatsmacht sind ungültig.
4. Die beiden freiheitlichen, auf Rechtsgleichheit gründenden demokratischen Verfassungsstaaten enthalten sich der Gewaltanwendung gegeneinander.

Allerdings waren auch diese Empfehlungen alles andere als unproblematisch: Die Juden sollten etwa 56 % des Mandatsgebiets erhalten, obwohl ihre Bevölkerungszahl nur halb so groß wie die der Araber war und sie bislang nur 10 % des Bodens besaßen. Zugleich sollte die Hälfte der Bevölkerung des jüdischen Staates aus Arabern bestehen. Um eine stabile Lösung herbeizuführen, wäre es also notwendig gewesen, ein kooperatives Verhältnis zwischen Juden und Arabern zu entwickeln, das weit über das Maß eines Gewaltverzichts hinausgegangen wäre. Nach mittlerweile dreißig Jahren blutigen Konflikts erschien ein solches Verhältnis jedoch wenig realistisch.

Trotzdem war die *Jewish Agency* bereit, den Plan zu akzeptieren, der trotz der genannten Nachteile und Gefahren einen eigenen Staat in Aussicht stellte, während die arabische Seite ablehnend reagierte.

Am 29. November 1947 stimmte die Vollversammlung der Vereinten Nationen mehrheitlich für den Teilungsplan der UNSCOP-Kommission: 23 Länder befürworteten ihn, während 13 Länder gegen ihn stimmten und sich 10 Staaten enthielten.

Es wurde ein fünfköpfiges Gremium eingesetzt, das die Ausführung des Planes überwachen sollte. Allerdings gab es keine Möglichkeiten, ihn tatsächlich durchzusetzen, da die Araber ankündigten, sich ihm notfalls auch gewaltsam widersetzen zu wollen, und Großbritannien erklärte, keine Unterstützung für den Plan leisten zu wollen.

Einen Tag, nachdem der Teilungsplan von den Vereinten Nationen gebilligt worden war, eskalierten die Auseinandersetzungen in Palästina. Es kam zu Überfällen von arabischen Freischärlern auf jüdische Siedlungen und Wohnge-

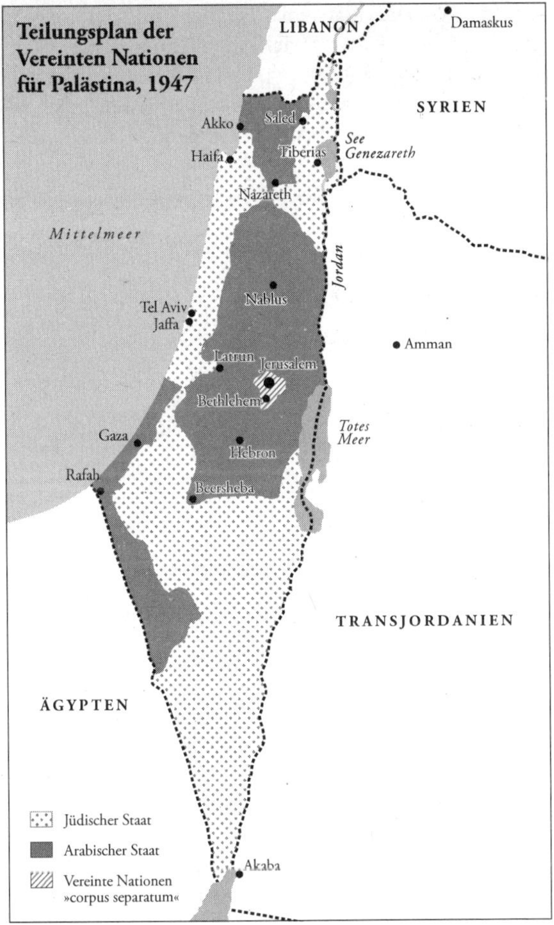
Teilungsplan der
Vereinten Nationen
für Palästina, 1947
LIBANON
Damaskus
SYRIEN
Akko
Saled
Haifa
Tiberias
See
Genezareth
Nazareth
Mittelmeer
Jordan
Nablus
Tel Aviv
Jaffa
Amman
Latrun
Jerusalem
Bethlehem
Totes
Meer
Gaza
Hebron
Rafah
Beersheba
TRANSJORDANIEN
ÄGYPTEN
Jüdischer Staat
Arabischer Staat
Vereinte Nationen
»corpus separatum«
Akaba

biete und zu Gegenschlägen der *Haganah* und der anderen paramilitärischen Verbände der Juden. Die britische Mandatsmacht, die noch bis zum 15. Mai 1948 mit der Verwaltung Palästinas beauftragt war, war weder willens noch fähig, die Spirale der Gewalt zu unterbinden.

Die ersten drei Jahrzehnte (1948–1977)

Epochenüberblick

Nach der Ausrufung des Staates Israel am 14. Mai 1948 und seiner Etablierung in einem siegreichen Unabhängigkeitskrieg zwischen 1948 und 1949 waren die ersten drei Jahrzehnte von der Dominanz der ununterbrochen regierenden sozialistischen Arbeiterpartei (*Mapai*) geprägt.

Dabei waren gerade zu Beginn die ersten Schritte als unabhängiger Staat von nicht wenigen Problemen begleitet: Zum einen bedeutete der weiterhin ungelöste Konflikt mit den arabischen Nachbarn eine große Belastung, die es notwendig machte, vor allem in die Sicherheit des jungen Staates zu investieren, so dass für den internen Aufbau deutlich weniger Ressourcen zur Verfügung standen.

Verschärft wurden diese außenpolitischen Schwierigkeiten zum anderen durch die Tatsache, dass im Lauf des Ersten Israelisch-Arabischen Krieges rund 650 000 Araber vom Staatsgebiet Israels vertrieben worden waren, denen auch nach Inkrafttreten des Waffenstillstands eine Rückkehr versagt wurde, eine Situation, die bis heute andauert und die dem Nahostkonflikt zusätzlichen Zündstoff bietet.

Innenpolitisch sah sich Israel zunächst einmal vor der gewaltigen Aufgabe, einen Staat zu errichten, der in der Lage sein sollte, die aus der ganzen Welt kommenden jüdischen Flüchtlinge aufzunehmen, sie zu integrieren und ihnen die Möglichkeit zu verschaffen, ihren Lebensunterhalt zu bestreiten.

In den ersten drei Jahrzehnten seiner Existenz führte

Israel vier Kriege gegen seine arabischen Nachbarn: Der Unabhängigkeitskrieg 1948/49 legte die Grundlage für den Staat und seine Grenzen überhaupt, im Suez-Krieg 1956 zeigte Israel mit Hilfe Großbritanniens und Frankreichs Ägypten, dass man auf eventuelle Bedrohungen mit großer Effektivität reagieren konnte, der Sechstage-Krieg führte der Welt die Überlegenheit des israelischen Militärs gegenüber den arabischen Gegnern vor, indem Israel ein Gebiet eroberte, das die Größe des bisherigen Staates bei weitem übertraf. Der Mythos der Unbesiegbarkeit erhielt jedoch bereits sechs Jahre später einen Riss, als es den arabischen Staaten im Jom-Kippur-Krieg gelang, zumindest einen Teilerfolg mit der Rückeroberung des östlichen Suez-Kanalufers zu erringen.

Der Unabhängigkeitskrieg und der Aufbau des neuen Staates

14.5.1948	Unabhängigkeitserklärung des Staates Israel
15.5.1948 – 11.1.1949	Erster Israelisch-Arabischer Krieg

Einen Tag vor dem offiziellen Ende des Mandats am 15. Mai 1948, das auf einen Samstag, also den jüdischen Sabbat fiel, wurde in Tel Aviv durch David Ben-Gurion der Staat Israel ausgerufen. In der Nacht darauf marschierten Truppen von fünf arabischen Staaten (Ägypten, Transjordanien, Syrien, Libanon und Irak) gleichzeitig in Israel ein, um die im Lauf der Unruhen gegründete *Arabische Rettungsarmee* zu unterstützen. Dass die neu gegründete israelische Armee, die aus den Einheiten der *Haganah* und des *Palmach* hervorging, im Unabhängigkeitskrieg trotzdem siegreich war und das Staatsgebiet noch über die Grenzen des UNSCOP-Planes ausdehnen konnte, lag vor allem an zwei Faktoren. Zum einen hatten die arabischen Staaten nur vergleichsweise geringe Truppenkontingente in den Kampf geschickt – lediglich Transjordanien, das territoriale Interessen hegte, hatte sich in einem wirklich ernsthaften Maß engagiert. Der Grund dafür war wohl, dass die arabischen Machthaber den jüdischen Widerstand unterschätzten und dass Palästina außer für Transjordanien nicht als ein Ziel angesehen wurde, das größere Anstrengungen rechtfertigte. Der zweite Faktor bestand in der Tatsache, dass die jüdische Bevölkerung in der Zeit zwischen der UN-Abstimmung und der Unabhängigkeit im größtmöglichen Maß mobilisiert wurde. Dazu kam, dass man in der Lage war, vor allem in der Tschechoslowakei Waffen zu erwerben und die Streitmacht, die schon auf einem relativ professionellen Niveau war, relativ modern auszurüsten. Die Mobilisierung der arabischen Bevölkerung Palästinas erreichte bei weitem nicht den Grad derjenigen der jüdischen Bevölkerung. Tatsächlich kam es eher zum Zusammenschluss von kleineren Freischärlertrupps, die die nächstgelegene jüdische Ansiedlung überfielen, um dort Beute zu machen, und sich bei zu starkem Widerstand wieder zurückzogen. Am 11. Januar 1949 beendete ein Waffenstillstand den Ersten Israelisch-Arabischen Krieg, die folgenden Verhandlungen führten jedoch nicht zu einem Friedensabkommen zwischen Israel und den arabischen Staaten. Der junge Staat hatte sein Territorium beträchtlich über das Maß ausdehnen können, das ihm eigentlich nach dem UNSCOP-Plan zugestanden hätte: Galiläa, der komplette nördliche Teil des vorgeschlagenen arabischen Staates, befand sich jetzt in israelischer

Hand, ebenso war, bis auf den Gazastreifen, ein Großteil des südlichen arabischen Gebiets von Israel erobert worden, und auch das zentrale arabische Gebiet, das an den Jordan grenzte, war erheblich verkleinert. Trotzdem waren die neuen Grenzen des jungen Staates Israel nicht unbedingt befriedigend: Es war nicht gelungen, Jerusalem ganz unter Kontrolle zu bringen: der Ostteil der Stadt war nun jordanisch, abgesehen von einer Enklave auf dem Scopusberg. An seiner engsten Stelle, nahe der Stadt Tel Aviv, war Israel nur 18 km breit, so dass man Gefahren bei einem möglichen neuerlichen Angriff Jordaniens befürchtete. Ein anderes Problem hatte sich daraus ergeben, dass rund 850 000 Araber aus Palästina geflohen waren, sei es in unmittelbarer Auswirkung des Krieges, sei es, weil sie aus strategischen Gründen von den arabischen Streitkräften evakuiert worden waren und nun nicht mehr zurückkehren konnten, sei es, weil sie von den israelischen Streitkräften vertrieben worden waren. Dieses Flüchtlingsproblem besteht bis heute und belastet jede Friedensbemühung im Nahen Osten.

Für den Staat Israel bedeutete dieser Bevölkerungsschwund, dass eine eindeutige Mehrheit der Juden in dem jungen Staat vorhanden war, die in der Folgezeit bei ungefähr achtzig Prozent liegen sollte.

Die Teile des vorgeschlagenen arabischen Staates, die nicht von Israel erobert worden waren, konnten in der Folgezeit trotzdem nicht zu einem Kern eines unabhängigen Staates Palästina werden. Der Gazastreifen stand unter ägyptischer Besatzung, und das Westjordanland wurde noch 1949 von Transjordanien annektiert.

Die arabische Bevölkerung Palästinas hatte den Krieg

also in jeglicher Hinsicht verloren, es war ihr weder gelungen, einen jüdischen Staat zu verhindern, noch die eigenen politischen Ambitionen durchzusetzen, weil einerseits der israelische Staat sich als stärker erwies, als man gedacht hatte, und andererseits die arabischen Verbündeten viel mehr von ihren eigenen Interessen geleitet wurden, als dass sie einen unabhängigen arabischen Staat Palästina geduldet hätten.

Zugleich hatte die Bevölkerung Israels im Unabhängigkeitskrieg schwere Verluste erlitten: 6373 jüdische Einwohner waren ums Leben gekommen, ungefähr ein Prozent der jüdischen Bevölkerung. Diese Verluste wurden durch die Masseneinwanderung, die schon während des Unabhängigkeitskriegs einsetzte, wieder aufgewogen, wobei sich jedoch erneut Probleme einstellten: Der neu entstandene Staat sah sich vor die gewaltige Herausforderung gestellt, die Eingewanderten zu integrieren, wobei auch die kulturellen Unterschiede nicht unerheblich waren: Es wanderten Juden aus Europa ein, Überlebende des Holocaust, Juden aus Nord- und Südamerika, Juden aus Nordafrika und Vorderasien, die wegen des Nahostkonflikts aus den arabischen Ländern vertrieben worden waren. Trotzdem gelang es, eine demokratische Gesellschaft aufzubauen, die auch in der schwierigen außenpolitischen Lage des Nahostkonflikts und eines Kleinkriegs mit arabischen Freischärlern in einem erstaunlich hohen Maß funktioniert.

Allerdings war diese Demokratie nicht in allen Teilen gleichermaßen entwickelt. Zwar sah die Unabhängigkeitserklärung ein gleiches Recht für alle Bürger des Staates Israel vor, ungeachtet ihrer ethnischen Zugehörigkeit und ihres

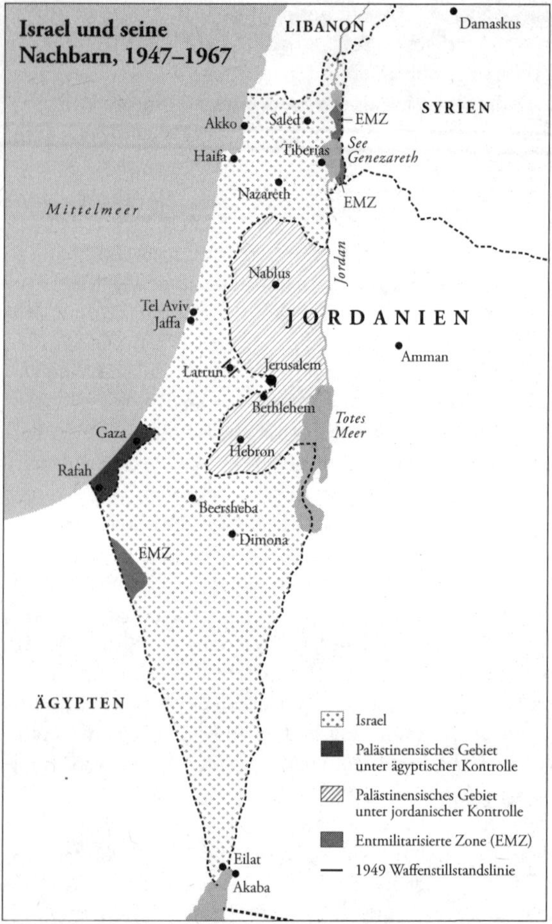

Israel und seine
Nachbarn, 1947–1967
LIBANON
Damaskus
SYRIEN
Akko
Safed
EMZ
Haifa
Tiberias
See
Genezareth
Nazareth
EMZ
Mittelmeer
Jordan
Nablus
Tel Aviv
Jaffa
JORDANIEN
Amman
Latrun
Jerusalem
Bethlehem
Totes
Meer
Gaza
Hebron
Rafah
Beersheba
Dimona
EMZ
ÄGYPTEN
Israel
Palästinensisches Gebiet
unter ägyptischer Kontrolle
Palästinensisches Gebiet
unter jordanischer Kontrolle
Entmilitarisierte Zone (EMZ)
1949 Waffenstillstandslinie
Eilat
Akaba

religiösen Bekenntnisses. Zugleich wurden jedoch die arabischen Bewohner des Staates, die vor allem in Galiläa lebten, unter Kriegsrecht gestellt, da man ihnen misstraute und ihre mögliche Loyalität zum neu gegründeten Staat in Frage stellte. Dieser Zustand dauerte bis zum Beginn der 1960er Jahre. Trotzdem wurde auch der arabischen Bevölkerung Israels die politische Teilhabe ermöglicht. Gerade Ben-Gurion setzte sich dafür ein, dass es zur Gründung arabischer Parteien kam, die in Zusammenarbeit mit der Arbeitspartei auch im israelischen Parlament vertreten waren und als ein Bindeglied zwischen den Interessen der israelischen Araber und dem Staat Israel dienen sollten.

Auch bezüglich der Neueinwanderer kam es immer wieder zu Problemen: Der Staat Israel war von Juden aus Europa gegründet worden, das heißt, er entsprach europäischen Vorstellungen in der Staatsordnung und war dominiert von europäischstämmigen Juden als Entscheidungsträgern. Für diese Juden war der Zuzug der aus den arabischen Staaten vertriebenen Juden nicht nur eine logistische, sondern auch eine kulturelle Herausforderung, die nicht immer glücklich gemeistert wurde. Gerade das Misstrauen gegenüber den vermeintlich unterentwickelten orientalischen Juden führte zu staatlichen Fehlgriffen, die das Verhältnis zwischen europäischen und orientalischen Juden über Jahrzehnte hinweg belasten sollten: Es kam zu Fällen, in denen den orientalischen Neueinwanderern die Kinder entzogen wurden, damit sie in einem von Europäern geprägten Umfeld aufwuchsen, was zu einer erleichterten Integration führen sollte. Die Frage, ob diese Maßnahmen ethisch gerechtfertigt seien, wurde erst sehr viel später in der israelischen Öffentlichkeit diskutiert.

Spannungen gab es auch im Verhältnis zwischen religiösen und säkularen Juden. Da der erste Ministerpräsident David Ben-Gurion in seiner Regierungskoalition auch auf die Stimmen religiöser Parteien angewiesen war, kam es nicht zur Ausarbeitung einer Verfassung, die den säkularen Charakter des Staates, der de facto existiert, auch de jure festgeschrieben hätte. Stattdessen wurde im Lauf der Jahre eine Reihe von Grundgesetzen verabschiedet, die die wichtigsten Fragen der Staatsordnung und der Rechte und Pflichten der Bürger behandelten. Auch in Bezug auf die Personenstandsgesetze sah sich Ben-Gurion genötigt, den Religiösen entgegenzukommen, so dass bis heute alle Entscheidungen hinsichtlich des Eherechts nicht in den staatlichen Bereich fallen, sondern vom Rabbinat gefällt werden.

Eine weitere Schwierigkeit ergab sich in der Behandlung der verschiedenen bewaffneten Gruppierungen. Während *Haganah* und *Palmach* in der regulären israelischen Armee aufgingen, weigerten sich *Etzel* und *Lechi*, sich ohne weiteres der staatlichen Autorität zu unterwerfen, und mussten zum Teil mit Waffengewalt aufgelöst werden. Das hatte Folgen für die politischen Verhältnisse. Während sich die sozialistischen und gemäßigt religiösen Parteien zu staatstragenden Gruppierungen entwickelten, die dreißig Jahre lang die Regierung stellten, waren die Parteien des rechten Spektrums, die sich aus *Etzel* und *Lechi* entwickelt hatten, für viele Bürger Israels nicht wählbar.

Die erste Ära Ben-Gurion

25.1.1949	Wahlen zur Ersten Knesset
30.7.1951	Wahlen zur Zweiten Knesset
26.01.1954	Rücktritt Ben-Gurions

Durch die Unabhängigkeitserklärung waren die zuvor bereits durch Wahlen legitimierten Verwaltungskörperschaften zur Provisorischen Regierung und zum Provisorischen Staatsrat umgewandelt worden, so dass ein reibungsloser Ablauf der Staatsgeschäfte gewährleistet werden konnte. Erst nach dem Ende der Kampfhandlungen war es möglich, Wahlen zu einer verfassungsgebenden Versammlung durchzuführen. Diese Wahlen fanden am 25. Januar 1949 statt. Sie endeten mit einem Sieg des zionistisch-sozialistischen Lagers, allein die *Mapai* errang 46 der 120 Sitze, die *Mapam*, ein noch stärker links stehender Ableger der *Mapai*, erlangte 19 Sitze. Die übrigen Parteien konnten keine großen Gewinne erzielen, am erfolgreichsten waren noch die *Vereinigte Religiöse Front*, ein Bündnis der wichtigsten Parteien aus dem religiösen Lager, mit 16 Mandaten, und die *Cherut* Menachem Begins, des wichtigsten Vertreters der Revisionisten, mit 14 Abgeordneten. Die *Allgemeinen Zionisten*, die sich als eine Alternative zum sozialistischen und zum revisionistischen Zionismus verstanden und vor allem den europäischen Liberalismus repräsentierten, erlangten lediglich sieben Sitze. Die übrigen Mandate entfielen auf kleinere Parteien und Vertreter ethnischer Gruppen.

Zwei Tage nach ihrer konstituierenden Sitzung am 14. Februar 1949 beschloss die Verfassungsgebende Versammlung ihre Umbenennung in »Knesset«. Damit knüpfte sie an die Große Versammlung (*Knesset Gedolah*) in der jüdischen Tradition an, die nach den Propheten und vor der Entwicklung des rabbinischen Judentums als Rat von 120 Gelehrten die getreue Weitergabe der Torah gesichert habe. Nachträglich wird das erste israelische Parlament als »Erste Knesset« bezeichnet.

Als Vorsitzendem der weitaus stärksten Partei fiel David Ben-Gurion die Aufgabe der Regierungsbildung zu. Um eine regierungsfähige Mehrheit zu haben, die nicht ausschließlich den sozialistischen Flügel im Zionismus repräsentierte, ging Ben-Gurion am 8. März 1949 eine Koalition mit der *Vereinigten Religiösen Front*, der links-liberalen *Progressiven Partei*, den Vertretern der Sepharden und orientalischen Gemeinden und der arabischen *Demokratischen Liste von Nazaret* ein. Damit verfügte seine Regierung über eine Mehrheit von 73 der 120 Mandate. Allerdings erwies sich diese Koalition als nicht sehr stabil, bereits am 15. Oktober 1950 trat Ben-Gurion zurück. Verantwortlich waren die Forderungen der Religiösen nach Auflösung des Ministeriums für Versorgung und Rationierung, nach einem Geschäftsmann als Wirtschaftsminister, also nach einer wirtschaftlichen Liberalisierung, die den Intentionen der *Mapai* widersprach, und nach einer Änderung des Erziehungssystems in den Flüchtlingslagern.

Nachdem die Bildung eines Minderheitskabinetts von *Mapai* und den Vertretern der Sepharden und der orientalischen Gemeinden scheiterte, erreichte Ben-Gurion am 1. November 1950 eine Neuauflage der vorherigen Regierung mit leichten personellen Veränderungen. Auch diese Regierung zerbrach nach kurzer Zeit, so dass am 30. Juli 1951 Neuwahlen stattfanden.

Diese Wahlen zur Zweiten Knesset brachten der *Mapai* nur minimale Verluste, sie verlor einen Sitz und stellte weiterhin die stärkste Fraktion. Die Verluste der *Mapam*, die jetzt statt über 19 nur noch über 15 Abgeordnete verfügte, waren schon gravierender, die *Cherut* verlor sechs Mandate, so dass sie nur noch acht Abgeordnete stellte. Gewinner der Wahlen waren die *Allgemeinen Zionisten*, die sich von sieben auf 20 Mandate steigern konnten. Die Anzahl der Religiösen blieb nahezu unverändert, allerdings war es ihnen nicht gelungen, weiterhin gemeinsam aufzutreten.

Am 8. Oktober 1951 bildete Ben-Gurion mit den religiösen Parteien und den drei arabischen Gruppierungen eine Regierung, die von 65 der 120 Abgeordneten getragen wurde. Auch sie bestand allerdings nicht lange. Nach ihrem Bruch formte Ben-Gurion am 24. Dezember 1952 ein Kabinett, dem nur noch zwei der vier religiösen Parteien, die drei arabischen Parteien, die eng mit der *Mapai* verbunden waren, und die neu hinzugekommenen *Allgemeinen Zionisten* und die *Progressive Partei* angehörten. Bereits im Juli 1953 zog sich Ben-Gurion für drei Monate aus der Regierung zurück, um sich mit der Sicherheitssituation des Landes zu beschäftigen, Mosche Scharett wurde kommissarisch mit dem Amt des Ministerpräsidenten beauftragt; am 8. Dezember 1953 erklärte Ben-Gurion nach vielen innenpolitischen Querelen seinen Rücktritt zum 26. Januar 1954 und zog sich in den Kibbuz Sde Boker zurück. Außenminister Mosche Scharett übernahm das Amt des Ministerpräsidenten und setzte die Koalition fort.

Wie bereits erwähnt, kam Ben-Gurion aus der zionistischen Arbeiterbewegung und hatte daher eine Vision für den Staat Israel, die sich relativ eng an den sozialistischen

Staaten Osteuropas orientierte. Innenpolitisch sollte der Aufbau des Landes durch landwirtschaftliche Kollektive auch in den Gebieten, die gerade erst im Krieg an Israel gefallen waren, vorangetrieben werden. Die Kibbuzbewegung, die sich bereits vor der Staatsgründung als wichtigster Faktor der Orientierung und Propagierung eines zionistisch geprägten Sozialismus gezeigt hatte, wurde auch im neuen Staat mit einer Schlüsselrolle ausgestattet. Dabei darf jedoch nicht übersehen werden, dass diese Bewegung niemals in der Lage gewesen ist, die Mehrheit der Israelis zu erreichen. Auch wenn man sich darum bemühte, die Neueinwanderer am Anfang in den Kibbuzim anzusiedeln und sie für die Kibbuzbewegung zu begeistern, musste man doch feststellen, dass viele dieser Neueinwanderer relativ schnell in die Städte und Ortschaften außerhalb der Kibbuzim auswichen, um sich dort einen Lebensunterhalt zu verschaffen, der nichts mit den traditionellen Idealen der Landwirtschaft und Kleinindustrie zu tun hatte. Allerdings blieben die Kibbuzim Träger der staatlichen Identität und lieferten den Eliten des neuen Staates lange Zeit engagierten Führungsnachwuchs, der dazu beitrug, dieses Ideal aufrechtzuerhalten, auch wenn die Wirklichkeit anders aussah.

Außenpolitisch waren die Jahre nach dem gewonnenen Unabhängigkeitskrieg unruhig. Vor allem das Verhältnis zu den arabischen Nachbarstaaten war äußerst angespannt. Es kam immer wieder zu Übergriffen palästinensischer Freischärler, der sogenannten *Fedajjin*, auf israelische Bürger. Die Angriffe führten zu israelischen Gegenschlägen auf palästinensische Ortschaften in der Westbank und im Gazastreifen, also in Gebieten, die unter ägyptischer und jordanischer Herrschaft standen und als Ausgangspunkt für die *Fedajjin* dienten. Diese Gegenschläge wurden mit einer Härte geführt, die Israel starke Kritik im Ausland einbrachte, da man auch nicht davor zurückschreckte, zivile Opfer in Kauf zu nehmen. Gerade die Regierung Ben-Gurions bestand auf einer harten Haltung gegenüber den Übergriffen arabischer Freischärler, auch wenn es innerhalb der Regierung Gegner dieser Politik gab, die stärker auf Verhandlung setzten, wie beispielsweise Außenminister Mosche Scharett.

Die Amtszeit Mosche Scharetts

14./15.10.1953	Angriff auf Kibya
26.1.1954	Amtsantritt Mosche Scharetts
Sommer 1954	Anschläge israelischer Agenten in Ägypten
26.7.1955	Wahlen zur Dritten Knesset
3.11.1955	Rücktritt Mosche Scharetts

Mosche Scharett (1894–1965) stammte aus dem ukrainischen Cherson. Seine Familie emigrierte 1906 nach Palästina, wo sie an der Gründung Tel Avivs beteiligt war. Dort schloss Scharett die Schule ab und ging zum Studium der Juristerei nach Konstantinopel. Im Ersten Weltkrieg diente er in der Armee des Osmanischen Reichs, danach nahm er ein Wirtschaftsstudium in London auf.

Ab 1925 war er als stellvertretender Herausgeber der *Histadrut*-Zeitung *Dawar* tätig und stieg auch in der *Jewish Agency* auf, in der er 1933 Leiter der politischen Abteilung wurde. In dieser Eigenschaft war er für die Verhandlungen mit der britischen Mandatsmacht zuständig und kümmerte sich gleichzeitig um die illegale Einwanderung nach Palästina. Seit 1949 übte er das Amt des Außenministers aus. Bereits in dieser Zeit hatte sich Mosche Scharett darum bemüht, einen mäßigenden Einfluss auf Ben-Gurion auszuüben.

Scharett betrachtete den Staat Israel eher als ein Gemeinwesen, dessen Aufgabe es sein sollte, europäische Maßstäbe in den Nahen Osten zu importieren. Dazu sollte auch die Bereitschaft gehören, sich mit den arabischen Regierungen zu verständigen, um vielleicht irgendwann einmal einen Frieden zu erreichen. Ben-Gurions ablehnende Haltung gegenüber arabischen Verhandlungsangeboten und seine Überzeugung, dass jeder Angriff auf Israel mit größter Härte beantwortet werden müsse, standen diesem Konzept entgegen. Es gelang Mosche Scharett in seiner Amtszeit nicht, eine Wende in der israelischen Außenpolitik herbeizuführen. Dabei spielte nicht nur eine Rolle, dass der israelische Ministerpräsident – anders als in anderen Demokratien – nicht über eine Richtlinienkompetenz verfügt, sondern auch, dass Ben-Gurion trotz Rücktritts durch seinen Einfluss auf wichtige Kabinettsmitglieder eine Abkehr von der von ihm befürworteten Politik verhinderte.

So fand auch eine der umstrittensten Vergeltungsaktionen während der kommissarischen Amtszeit Scharetts statt: der Angriff auf Kibya im Westjordanland in der Nacht vom 14. auf den 15. Oktober 1953 durch die Einheit 101 unter dem Kommando Ariel Scharons, bei dem etwa 70 Zivilisten ums Leben kamen. Die Aktion sollte eine Antwort auf die Ermordung einer Mutter mit ihren zwei Kindern durch *Fedajjin* in Jehud sein. Da der Angriff völlig aus dem Ruder gelaufen war, lag es nun an Scharett, die Wogen zu glätten und eine Politik zu verteidigen, die er selber nicht befürwortete.

Zugleich hatte die Aktion auf die arabischen Staaten einen dermaßen negativen Effekt, dass die Ziele der Amtszeit Scharetts, einen Ausgleich mit den arabischen Nachbarn zu finden, zum Scheitern verurteilt waren. Lediglich die Bereitschaft Israels, sich wieder auf die Grenzen des UN-Teilungsplans zurückzuziehen, hätte vielleicht zu Gesprächen führen können, aber dazu waren auch die gemäßigten Kräfte in der israelischen Politik nicht bereit, da sie ebenso wie die Hardliner befürchteten, dass diese Grenzen die Existenz des Staates Israel nicht sichern könnten.

Ein weiteres Problem der Regierung Scharett war die Lavon-Affäre: Pinchas Lavon hatte von Ben-Gurion nach dessen Rückzug das Amt des Verteidigungsministers übernommen, was auch innerhalb der *Mapai* umstritten war, da viele Abgeordnete und Minister, darunter die Arbeitsministerin Golda Meir, ihn als nicht für dieses Amt geeignet einschätzten, weil er nicht über als notwendig erachtete gute Beziehungen zum Militär verfügte. Eigentlich Vertreter eines gemäßigten Kurses, wandelte sich Lavon unter dem Einfluss der Informationen, die er als Verteidigungsminister erhielt, und aus dem Wunsch heraus, sein Amt mit der nötigen Härte auszuüben, zu einem strikten Verfechter israelischer Sicherheitspolitik. Schon das Kibya-Unternehmen war auf seine Anordnung hin durchgeführt worden. Er befand sich dabei auf einer Linie mit dem neuen Generalstabschef der israelischen Armee, Mosche Dajan, der sich ebenfalls als Verfechter einer unnachgiebigen Politik verstand. Allerdings sah sich Dajan keineswegs als Verbündeter Lavons, im Gegenteil: Im Sommer 1954 fanden in Ägypten Anschläge auf US-amerikanische und britische Einrichtungen statt, die vom israelischen Militärgeheimdienst *Aman* durchgeführt worden waren. Ziel war es, das Verhältnis zwischen Ägypten und seinen damaligen westlichen Verbündeten zu stören, um bei einer möglichen militärischen Aktion Ägyptens gegen Israel die westliche Welt hinter sich zu wissen. Als mit diesen Aktionen beauftragte Agenten in Ägypten verhaftet und vor Gericht gestellt wurden, wurde die Rolle, die Israel bei den Anschlägen spielte, öffentlich. Auch in Israel gab es Nachfragen, wer die Verantwortung für diese Aktion trüge. Der Kommandant des *Aman* berief sich auf einen mündlichen Befehl Lavons und erfuhr Rückendeckung durch Dajan, der ebenfalls Lavon als Auftraggeber bestätigte. Eine Untersuchungskommission konnte den wahren Sachverhalt nicht herausbringen, Dajan blieb bei seiner Aussage und wurde darin von Schimon Peres, dem Generaldirektor im Verteidigungsministerium, der von Lavon für die Aktion verantwortlich gemacht worden war, unterstützt. Nachdem sich auch Scharett auf die Seite Dajans und Peres' stellte, musste Lavon am 21. Februar 1955 zurücktreten. Sein Nachfolger wurde Ben-Gurion, der damit wieder direkten Einfluss auf das Kabinett ausübte, das er in der Zeit seiner Abwesenheit indirekt gelenkt hatte. Damit einher ging, dass Ben-Gurion auch wieder die Politik des Staates Israel bestimmte, so dass Scharett letztlich entnervt aufgab. Zuvor hatte er am 29. Juni 1955 die *Allgemeinen Zionisten* und die *Progressive Partei* als Koalitionspartner über interne Streitigkeiten verloren.

Bei den Wahlen zur Dritten Knesset am 26. Juli 1955 erlitt das linke Lager empfindliche Verluste, während die rechten

Gruppierungen erstarkt aus ihnen hervorgingen. Die *Mapai* stellte nun nur noch 40 Abgeordnete, die weiter links orientierte *Mapam* hatte Konkurrenz aus den eigenen Reihen bekommen, die *Achdut Ha'avodah*, beide Parteien stellten zusammen 19 Abgeordnete. Die *Cherut* errang 15 Sitze, die *Allgemeinen Zionisten* kamen nur noch auf 13 Abgeordnete. Das religiöse Lager, das jetzt aus zwei statt vier Parteien bestand, erhielt wie in den Wahlen zuvor 17 Sitze.

Die Regierungsbildung zog sich hin, so dass Scharett noch fast vier Monate im Amt blieb. Erst am 3. November 1955 konnte Ben-Gurion ihn in einer Koalition, die aus der *Mapai*, der *Mapam* und *Achdut Ha'avodah*, der *Nationalreligiösen Front* und den drei arabischen Parteien bestand, ablösen. Damit sollte die Regierung Scharetts lediglich eine kurze Episode in den von Ben-Gurion geprägten ersten fünfzehn Jahren des Staates Israel bleiben. Welche Möglichkeiten sich aus der anderen Herangehensweise Scharetts geboten hätten, lässt sich heute allerdings nur schwer eruieren.

Die zweite Ära Ben-Gurion und der Suez-Krieg

3.11.1955	Ben-Gurion wird erneut Ministerpräsident
26.7.1956	Nasser verstaatlicht den Suez-Kanal
29.10.–7.11.1956	Suez-Krieg

Auch die zweite Amtszeit Ben-Gurions war vor allem von Fragen der Sicherheit des Staates Israel geprägt. So übernahm Ben-Gurion ebenfalls, wie in seiner ersten Amtszeit, wieder das Amt des Verteidigungsministers. Mosche Scharett wurde wieder Außenminister. Über die Frage des weiteren Vorgehens im Nahostkonflikt herrschte in der Regierung Uneinigkeit. Während Generalstabschef Mosche Dajan sich darum bemühte, seinen Einfluss geltend zu machen, Israel zu einem Krieg zu rüsten, drängte Scharett darauf, eine Politik der Zurückhaltung zu betreiben, um eine Eskalation zu vermeiden. Das Hauptargument Dajans war die Gefahr, die von Ägypten ausging. Anders als die anderen arabischen Staaten tat sich Ägypten nach der Machtübernahme Gamal Abdel Nassers durch eine besonders scharfe Rhetorik gegen Israel hervor. Zugleich verstand sich Ägypten als Motor einer arabischen Einigungsbewegung gegen Israel. Auch führte die demographische Situation Ägyptens – das Land war von einem besonders starken Bevölkerungswachstum geprägt – langfristig auch zu einem militärischen Erstarken. Während man sich im Augenblick noch in einer Situation der relativen Ausgeglichenheit befinde, so Dajan, werde im Laufe der Zeit Ägypten die militärische Oberhand gewinnen, so dass ein Präventivschlag für die Sicherheit Israels unabdingbar sei. Da ein solches Vorgehen Israel in den Augen der Weltöffentlichkeit allerdings zum Aggressor machen würde, schlug Dajan vor, alle ägyptischen Übergriffe mit größerer Härte zu beantworten, um so einen ägyptischen Angriff zu provozieren. Dazu benötigte Israel Waffen. Doch auch in der Strategie, solche zu beschaffen, waren sich Dajan und Scharett uneinig, obwohl beide darin übereinstimmten, dass eine Aufrüstung Israels notwendig sei. Scharett wollte diese Aufrüstung durch eine Anpassung an internationale Regeln erreichen, während Dajan davon ausging, dass man die verzweifelte Lage des jüdischen Staates gerade durch den Bruch der internationalen Regeln deutlich machen würde.

Als der ägyptische Präsident Gamal Abdel Nasser am 26. Juli 1956 den Suez-Kanal verstaatlichte und damit Großbritannien und Frankreich enteignete, bot sich ihnen die Möglichkeit, Israel für eine antiägyptische Allianz zu gewinnen, um Nasser zu stürzen. Zugleich bedeutete ein Bündnis mit den beiden europäischen Staaten, dass Israel sich dem Westen annähern konnte, denn obwohl die USA der erste Staat waren, der Israel nach Ausrufung der Unabhängigkeit anerkannt hatte, war die westliche Welt in der Zeit danach zunächst auf Abstand zu dem neu gegründeten Staat geblieben, um die eigenen Interessen im Nahen Osten, vor allen Dingen bezüglich der arabischen Staaten, nicht zu gefährden. Nun war die Position Großbritanniens und Frankreichs erheblich geschwächt, und um eine erneute Stärkung zu erreichen, kam ihnen Israel, das weiterhin eine ägyptische Aufrüstung fürchtete, gerade recht.

Außerdem wurden mit der Sperrung der Straße von Tiran, die Nasser im Zuge der Nationalisierung verkündet hatte, die israelischen Versorgungsmöglichkeiten zur See erheblich eingeschränkt, so dass sich die Frage einer Lösung des Konflikts nicht mehr nur theoretisch stellte.

Der Suez-Krieg dauerte vom 29. Oktober bis zum 7. November 1956. Zunächst starteten israelische Truppen einen Angriff auf den Gazastreifen und die Sinai-Halbinsel, einen Tag später stellten Großbritannien und Frankreich ein Ultimatum an Israel und Ägypten, die Kampfhandlungen einzustellen und einen Abstand von 15 Kilometern zur Kanalzone einzuhalten. Dieses Ultimatum war zuvor mit Israel vereinbart worden und erfolgte zu dem Zeitpunkt, da israelische Truppen noch nicht den Suez-Kanal erreicht hatten; tatsächlich richtete es sich nur gegen Ägypten. Am 31. Oktober bombardierten Briten und Franzosen militärische Stellungen Ägyptens am Kanal und begannen eine Luftlandeaktion.

Der Krieg rief weltweit Empörung hervor. Die Sowjetunion drohte am 5. November den drei angreifenden Nationen mit einer militärischen Intervention, auch die USA kritisierten den Alleingang, der nicht mit ihnen abgesprochen worden war und letztlich der amerikanischen Position im Nahen Osten schadete, und drohten mit Sanktionen. Am 8. November musste Israel den Forderungen der USA entsprechen und erklärte seine Bereitschaft zum Rückzug von der Sinai-Halbinsel. Dieser Rückzug war im März 1957 abgeschlossen.

Mit der Teilnahme am Sinai-Feldzug hatte Israel viel politischen Kredit verspielt und sah sich in den folgenden Monaten gezwungen, seinen Ruf wiederherzustellen. Trotzdem konnte dieser Krieg aus israelischer Sicht als Erfolg gewertet werden. Ägypten, das zuvor zugelassen hatte, von *Fedajjin* als Rückzugsgebiet genutzt zu werden, bemühte sich in der folgenden Zeit darum, Grenzübertritte zu verhindern, um Israel keinen Vorwand für ein weiteres militärisches Vorgehen zu liefern. Zugleich hatte dieser Krieg das Selbstbewusstsein und das Vertrauen Israels in sein Militär gesteigert. Allerdings verbaute er gleichzeitig die Möglichkeit, doch noch zu einer Einigung mit der arabischen Welt zu kommen, und schwächte die Position der moderaten Politiker um Mosche Scharett weiter. Ben-Gurions harte Haltung konnte sich durchsetzen.

Hinsichtlich der Einbindung Israels in die Politik der westlichen Welt stellte der Suez-Krieg einen Wendepunkt dar: Die Annäherung an Großbritannien und vor allem an

Frankreich sollte sich bis in die 1960er Jahre hinein als wichtig für die Gestaltung der israelischen Militärpolitik erweisen: War Israel zuvor im Unabhängigkeitskrieg vor allem auf Hilfslieferungen aus der Tschechoslowakei angewiesen gewesen, so erfolgte jetzt vor allem bei der Luftwaffe eine Ausrüstung mit französischem Material. Diese militärische Zusammenarbeit war zugleich von politischer Dimension: Hatte die sozialistische Regierung unter Ben-Gurion noch zu Beginn des Staates damit geliebäugelt, ein Verbündeter der UdSSR zu werden oder zumindest sich stärker an sozialistischen oder neutralen Staaten zu orientieren, war durch die Ablehnung durch den Ostblock eine prowestliche Ausrichtung unumgänglich, um nicht gänzlich isoliert zu werden.

In der Folgezeit bemühte sich die israelische Regierung, die Blockade durch die arabischen Staaten zu durchbrechen, indem es die bereits vorhandenen Kontakte zu Iran, Türkei und Äthiopien intensivierte. Diese Staaten sahen eine arabische Einigungsbewegung ähnlich wie Israel mit einem gewissen Misstrauen und befanden sich auf verschiedenen Gebieten in einem Interessenkonflikt mit ihr, so dass eine Zusammenarbeit mit Israel beiden Seiten Nutzen versprach. Auch die Staaten Afrikas, die im Zuge der Entkolonialisierung entstanden, waren jetzt das Ziel israelischer Politik. Als junger Staat war Israel ohne eine kolonialistische Vergangenheit ein idealer Partner zum Aufbau von Infrastruktur in den verschiedensten Bereichen, vom Erziehungswesen über ökonomische Einrichtungen bis hin zum Militär.

Die Beziehungen zu Deutschland und die Folgen der Lavon-Affäre

10.9.1952 Luxemburger Abkommen
3.11.1959 Wahlen zur Vierten Knesset
26.6.1963 Rücktritt Ben-Gurions

Trotz der großen Relevanz der Sicherheitsfrage gab es ein zweites Thema, das sowohl die israelische Regierung als auch die Öffentlichkeit sehr beschäftigte: das Verhältnis zu Deutschland. Bereits am 10. September 1952 hatte die Bundesrepublik Deutschland das Luxemburger Abkommen mit dem Staat Israel und der *Jewish Claims Conference* geschlossen, in dem sich die Bundesrepublik dazu verpflichtete, insgesamt 3,5 Milliarden DM in Geld-, Sach- und Dienstleistungen zu erbringen. Diese Leistung sollte als Entschädigung für die Ermordung der europäischen Juden im Zweiten Weltkrieg und als Hilfe für die Eingliederung jüdischer Flüchtlinge in Israel dienen. In Israel stieß das Abkommen zum Teil auf heftige Kritik, die auch in gewalttätigen Demonstrationen zum Ausdruck kam. Dabei spielten zwei Kernfragen eine wichtige Rolle: zum einen, ob jeglicher Kontakt mit Deutschland zu vermeiden sei, da die Größe der Greuel einen solchen Kontakt unmöglich mache, zum anderen, ob es richtig sei, dass der Staat Israel ein Blutgeld akzeptierte. Die Regierung Ben-Gurion verwies in der Debatte vor allem auf die finanziellen Sorgen des jungen Staates, der letztlich jede auch noch so kleine Summe zum Überleben benötigte.

Das Verhältnis zu Deutschland war auch in der Folgezeit umstritten. Bereits unmittelbar nach der Gründung der

Bundeswehr knüpfte die israelische Armee Kontakte zu ihr. Gleichzeitig zeigte sich auch die Regierung an Waffengeschäften mit der Bundesrepublik interessiert. Allerdings führte der Beschluss, der Bundeswehr israelische Rüstungsgüter zu verkaufen, dazu, dass am 5. Juli 1959 die Abgeordneten der *Mapam* und der *Achdut Ha'avodah* der Regierung ihre Zustimmung zu diesen Verkäufen verweigerten, so dass sich Ben-Gurion zum Rücktritt und zur Ausschreibung von Neuwahlen gezwungen sah.

Innenpolitisch hatte der erfolgreiche Suez-Krieg den Niedergang der *Mapai* trotz der Deutschlanddebatte aufhalten können. Bei den Wahlen am 3. November 1959 zeigte sich das linke Lager deutlich erholt, Ben-Gurion hatte sich mit seiner Politik der harten Hand wieder Respekt bei den Wählern verschafft. Die *Mapai* konnte sich von 40 auf 47 Sitze steigern, während das restliche linkszionistische Lager über 16 Abgeordnete verfügte. Das liberale Lager hatte leichte Verluste erlitten, während sich bei den religiösen Parteien kaum Veränderungen ergeben hatten. Ben-Gurion konnte am 17. Dezember 1959 eine Neuauflage der alten Koalition zustande bringen. Allerdings war diese Regierung von der Fortsetzung der Lavon-Affäre überschattet. Im April 1960 hatte eine erneute Untersuchung der Affäre zu dem Ergebnis geführt, dass das Unternehmen in Ägypten, entgegen den Behauptungen Dajans und Giblis, nicht von Lavon autorisiert worden war. Trotzdem weigerte sich Ben-Gurion, die Unschuld Lavons anzuerkennen und ihn zu rehabilitieren. Er sah sich dazu gezwungen, als Verteidigungsminister zurückzutreten, so dass sich die Knesset zu Neuwahlen entschloss.

Die Last der Lavon-Affäre führte dazu, dass Ben-Gurions *Mapai* fünf Mandate verlor und nun noch 42 Abgeordnete stellte. Nutznießer dieser Verluste waren die übrigen linkszionistischen Parteien und die aus den *Allgemeinen Zionisten* und der *Progressiven Partei* hervorgegangene *Liberale Partei.* Damit war weiterhin eine Regierungsbildung unter der Dominanz der *Mapai* möglich, allerdings gelang es Ben-Gurion nicht, eine entsprechende Koalition zustande zu bringen, so dass der bisherige Finanzminister Levi Eschkol, der innerhalb der *Mapai* zu den wichtigsten Führungspersönlichkeiten zählte, mit der Regierungsbildung beauftragt wurde. Eschkol kam diesem Auftrag nach, allerdings bestand er darauf, dass diese von ihm gebildete Regierung wieder mit Ben-Gurion als Ministerpräsidenten amtiere, während er weiterhin das Finanzressort übernehmen wollte. Die Regierung bildeten neben der *Mapai* die *Achdut Ha'avodah*, zwei religiöse und zwei arabische Parteien. Ben-Gurions Zeit war abgelaufen, er verlor sich in Konflikten mit seiner Partei, die ihm im Konflikt mit Lavon die Gefolgschaft verweigerte, so dass sich der Ministerpräsident nicht mehr mit ihr verbunden fühlte. Trotzdem kam der Rücktritt Ben-Gurions am 26. Juni 1963 für viele überraschend.

Israel unter Levi Eschkol

26.6.1963	Levi Eschkol wird Ministerpräsident
Juni 1964	Beginn größerer Waffenlieferungen durch die USA
	Wahlen zur Sechsten Knesset

Da Levi Eschkol (1895–1969) die Regierung bereits mit Ben-Gurion als Ministerpräsidenten gebildet hatte, war es nur folgerichtig, dass er dessen Nachfolge antrat. Eschkol stammte ursprünglich aus der Nähe von Kiew, seine Eltern kamen aus dem orthodox-jüdischen Milieu. Er wanderte 1914 nach Palästina ein und schloss sich während des Ersten Weltkriegs der Jüdischen Legion an. Danach trat er dem Kibbuz Deganja Bet bei und gehörte zu den Gründungsmitgliedern der *Histadrut*.

1951 wurde er erstmals in die Knesset gewählt, ab 1952 bekleidete er das Amt des Finanzministers und war auch in der Militärpolitik nicht völlig unerfahren, so dass er vielen als ein guter Kandidat für das Ministerpräsidentenamt galt. Mit Eschkol änderte sich der Stil der Entscheidungsfindung: Während Ben-Gurion vor allem bestrebt war, seine Ansichten durchzusetzen, setzte Eschkol auf Kompromisse. Zugleich stand Eschkol für eine Fortsetzung der Militärpolitik Ben-Gurions, wenn auch seine Haltung der arabischen Seite gegenüber als moderat bezeichnet werden kann.

Außenpolitisch war die Regierungszeit Eschkols von der erfolgreichen Annäherung an die USA geprägt. Nach dem Regierungsantritt des US-Präsidenten Johnson, der sich bereits als Kongressabgeordneter und Vizepräsident für eine solche Annäherung stark gemacht hatte, stand einer Einladung des israelischen Ministerpräsidenten nach Washington nichts mehr im Wege. Bei seinem Besuch im Juni 1964 wurden sowohl umfangreiche Waffenlieferungen als auch finanzielle Hilfen für zivile Projekte vereinbart. Damit war Israel als Partner der USA endgültig anerkannt.

Innenpolitisch war die Bilanz der Regierung Eschkol eher gemischt. Zwar gelang es Eschkol, andere linke Gruppierungen mit der *Mapai* zu vereinigen, zugleich kam es zu einer Abspaltung eines Teiles der Partei unter Ben-Gurion, der mit bestimmten Haltungen der neuen Regierung, beispielsweise gegenüber der Frage, ob Israel Atommacht werden solle oder nicht, nicht einverstanden war.

Auch erlebte Israel unter der Regierung Eschkol die erste größere Wirtschaftskrise in seiner Geschichte. Ursache dafür war vor allem das schnelle Wirtschaftswachstum der vorherigen Jahre, das nicht auf natürliche Weise entstanden war, sondern durch die Inanspruchnahme eines unverhältnismäßig hohen Kreditrahmens herbeigeführt wurde. Nun kam es zum ersten Mal zur Freisetzung von Arbeitskräften, was sich vor allem auf die ärmeren Schichten auswirkte, die in Protestkundgebungen ihre Unzufriedenheit mit dem israelischen politischen Establishment ausdrückten. Dabei ist zu berücksichtigen, dass sich die Dreiteilung Israels vertieft hatte: Oben standen weiterhin die europäisch geprägten, überwiegend aschkenasischen Juden, die weiterhin die Schlüsselpositionen in Wirtschaft und Gesellschaft einnahmen und sich vor allem als den Teil der Bevölkerung sahen, der den Staat aufgebaut hatte und auf dessen Vorstellungen der Staat beruhen sollte. Unter ihnen standen die Juden aus den islamischen Ländern, die Probleme hatten, sich in das europäische Gefüge des Staates einzugliedern, und deren Integration von den Behörden weitgehend vernachlässigt wurde. Die unterste Stufe nahm die arabische Bevölkerung ein, die nicht vertrieben worden war, der jedoch mit Misstrauen begegnet und deren Infrastruktur noch stärker vernachlässigt wurde als die der Juden aus den islamischen Ländern. Bis in die 1960er Jahre hinein standen die arabischen Einwohner Israels, obwohl sie de jure den übrigen Bewohnern gleichgestellt waren, unter Militärrecht, sie galten als eine mögliche ›Fünfte Kolonne‹ der arabischen Staaten, die den Staat Israel untergraben könnte. Zugleich standen ihnen nicht alle Parteien offen: So duldeten zum Beispiel die sozialistisch-zionistischen Parteien keine arabischen Mitglieder. Sie mussten sich stattdessen in assoziierten arabischen Parteien engagieren; diese Parteien entsprachen jedoch nicht unbedingt europäischen Vorstellungen von Demokratie: Ihre Anführer setzten vor allem auf familiäre Bindungen, finanzielle Zuwendungen und Ausübung von physischem Druck, um ihre Vorstellungen durchzusetzen. Da sie Verbündete der linkszionistischen Parteien waren, wurde dieses Verhalten toleriert.

Die wirtschaftlich induzierte Unzufriedenheit erfasste weite Teile der Bevölkerung, es ging die Angst um, dass das Projekt eines jüdischen Staates nach noch nicht einmal zwanzig Jahren scheitern könnte. Besonders mit der Arbeitslosigkeit tat sich die Regierung schwer.

Einige Regierungsvertreter waren allerdings gar nicht so unglücklich darüber, dass das Land in eine Krise gerutscht war, da ihrer Meinung nach der bisher leicht erworbene Wohlstand ohnehin nicht anhalten konnte und auf ein Maß zurückgefahren werden musste, das dem tatsächlichen wirtschaftlichen Potential entsprach.

Gegen Ende der Legislaturperiode kam es im bürgerlichen Lager zu einem wichtigen Zusammenschluss zweier Parteien. Nachdem sich bereits 1961 die *Allgemeinen Zionisten* und die *Progressive Partei* zur *Liberalen Partei* zusammengeschlossen hatten, gelang es Menachem Begin, dem Vorsitzenden der *Cherut*, die Liberalen mit seiner Partei zu einem Bündnis namens *Gachal* zu verbinden, so dass es zum ersten Mal in der Geschichte Israels eine nennenswerte bürgerliche Partei gab. Auch wenn dieses Bündnis nicht von allen Abgeordneten der *Liberalen Partei* begrüßt wurde, sondern sich sieben der siebzehn Mitglieder in der Knesset unter dem Namen *Unabhängige Liberale* zu einer neuen Fraktion verbanden, hatte Menachem Begin mit dem Zusammenschluss ein wichtiges Ziel erreicht: War die *Cherut* zuvor vor allem als eine Bewegung der extremen Rechten in der Öffentlichkeit wahrgenommen worden, so konnte sie sich nun eher gemäßigten Wählerschichten öffnen, die mit der Politik der regierenden *Mapai* unzufrieden waren, aber keine wirkliche Alternative zu ihr sahen.

Gleichzeitig erfuhr die regierende *Mapai* eine empfindliche Schwächung dadurch, dass sich mehrere Abgeordnete unter der Führung Ben-Gurions zu einer neuen Partei namens *Rafi* (*Israelische Arbeiterliste*) zusammenschlossen. Für diese Spaltung gab es neben persönlichen Differenzen zwischen Ben-Gurion und Eschkol zwei Ursachen: Zum einen wirkte sich die Lavon-Affäre weiter aus. Ben-Gurion war unzufrieden damit, dass seine eigene Partei sich nicht auf seine Seite stellte und von ihm forderte, Lavons Unschuld anzuerkennen. Die zweite Ursache lag im Zusammenschluss der *Mapai* mit der *Achdut Ha'avodah* unter dem Namen *Ma'arakh* (*Vereinigung*), die Reformen im Wahlrecht verzögerte und einen Übergang von der Listenwahl zu einer Einteilung des Landes in Wahlbezirke verhinderte. Ben-Gurion sah in dem bisherigen Wahlrecht einen Grund für die politische Unsicherheit, die eine große Partei von der Unterstützung kleinerer Parteien abhängig machte, die damit überproportional viel Macht in ihren Händen hielten.

Für die *Mapai* war es auch problematisch, dass Ben-Gurion bei seinem Austritt mehrere prominente Politiker mitnahm, wie Mosche Dajan und Schimon Peres, so dass die *Rafi* von Anfang an einen gewissen Wiedererkennungswert bei den Wählern hatte.

Bei den Wahlen zur Sechsten Knesset am 1. November 1965 wurden allerdings Ben-Gurions Hoffnungen, die Vormachtstellung des *Ma'arakh* brechen zu können, enttäuscht. Seine *Rafi* erlangte nur zehn Mandate, während der *Ma'arakh* unter Levi Eschkol auf 45 Mandate kam. Auch für Menachem Begin verlief die Wahl nicht zur Zufriedenheit: ein schneller Erfolg für seine *Gachal* stellte sich nicht ein, sie errang 26 Sitze. Damit blieb das linke Lager trotz aller Differenzen zwischen den Parteien führend, und Levi Eschkol wurde wieder mit der Regierungsbildung beauftragt. Er formte eine stabile Koalition mit den *Nationalreligiösen*, *Mapam*, den *Unabhängigen Liberalen* und zwei kleineren Parteien.

Der Sechstage-Krieg und seine Folgen

1964	Gründung der PLO
19.5.1967	UN-Truppen verlassen das israelisch-ägyptische Grenzgebiet
22.5.1967	Ägypten sperrt die Straße von Tiran
5.–10.6.1967	Sechstage-Krieg
22.11.1967	Resolution 242 des Sicherheitsrats der Vereinten Nationen
26.2.1969	Tod Levi Eschkols

Die Zeit vor dem Sechstage-Krieg war von immer stärker werdenden Spannungen zwischen Israel und der arabischen Welt geprägt: Bereits 1964 hatten israelische Maßnahmen, Wasser aus dem Jordan für den eigenen Gebrauch abzuleiten, dazu geführt, dass sich die arabischen Staaten entschlossen, Wasser aus zwei Jordanzuflüssen umzuleiten, um somit der israelischen Seite weniger zur Verfügung stellen zu müssen. Diese Umleitung hätte eine ernsthafte Bedrohung der israelischen Wasserversorgung zur Folge gehabt, so dass Israel bereits 1965 zu militärischen Gegenmaßnahmen bereit war, die zwar zu diesem Zeitpunkt noch nicht in die Tat umgesetzt wurden, da sich das arabische Projekt in die Länge zog und letztlich nicht realisiert werden sollte, allerdings die Spannungen erhöhten. Dazu kamen Übergriffe palästinensischer Freischärler von Jordanien aus, die israelische Vergeltungsmaßnahmen provozierten, die auf jordanischem Territorium stattfanden und auch Gefechte zwischen israelischen und jordanischen Truppen beinhalteten. Diese Gefechte führten dazu, dass der jordanische König Hussein seine seit drei Jahren betriebene Politik einer geheimen Annäherung an Israel nicht fortsetzen konnte, da seine eigene Position immer gefährdeter wurde.

Ägypten und Syrien ergingen sich in einer sehr aggressiven Rhetorik gegen den jüdischen Staat und kündigten seine Vernichtung an. Dabei wurde die Stärke der arabischen Armeen so übertrieben dargestellt, dass die eigene Bevölkerung einen Sieg über Israel als absolute Gewissheit annahm. Ob diesen Drohungen tatsächlich Taten folgen sollten, ist in der heutigen Forschung umstritten, allerdings wurden sie damals von Israel sehr ernst genommen. Als Ägypten dann am 15. Mai 1967 den Sinai entgegen dem Abkommen des Waffenstillstands nach dem Suez-Krieg remilitarisierte, fühlte sich Israel in seinen Befürchtungen bestätigt. Am 17. Mai 1967 forderte Ägypten den Abzug der

UN-Truppen auf dem Sinai, die als Puffer zwischen Israel und Ägypten dienten, am 19. Mai kamen die UN der Forderung nach. Am 22. Mai sperrte Ägypten die Straße von Tiran für israelische Schiffe, eine Maßnahme, die bereits 1956 den Krieg ausgelöst hatte und die Israel nicht unbeantwortet ließ.

Anfang Juni wurden *Rafi* und *Gachal* in die Regierung aufgenommen: Ziel dieser ersten Regierung der nationalen Einheit war es, der prekären Situation gerecht zu werden und Entscheidungen auf einer möglichst breiten Basis treffen zu können. Damit verbunden war, dass Mosche Dajan, der Generalstabschef des Suez-Krieges, zum Verteidigungsminister ernannt wurde, ein Schritt, der das Vertrauen der Bevölkerung in die israelische Regierung stärken sollte.

Der folgende Sechstage-Krieg war ein israelischer Erfolg: Am 5. Juni 1967 führte Israel einen Präventivschlag gegen Ägypten aus und zerstörte innerhalb weniger Stunden dessen Luftwaffe, so dass die Operationen des israelischen Heeres unter Wahrung der eigenen Lufthoheit stattfinden konnten. Am 6. und 7. Juni rückten israelische Truppen in den Gazastreifen ein und eroberten weite Teile der Sinai-Halbinsel, am 8. Juni erreichten sie den Suez-Kanal. Zur selben Zeit eroberten sie die Westbank und Ostjerusalem. Am 8. Juni begann außerdem der Angriff auf Syrien, der zur Eroberung des Golan führte. Am 10. Juni wurde unter Vermittlung der UN ein Waffenstillstand erreicht. Israel hatte einen großen Sieg über seine arabischen Nachbarn errungen.

Dieser Erfolg führte zu einer nationalistischen Hochstimmung in Israel, das sich jetzt unbesiegbar glaubte. Zu-

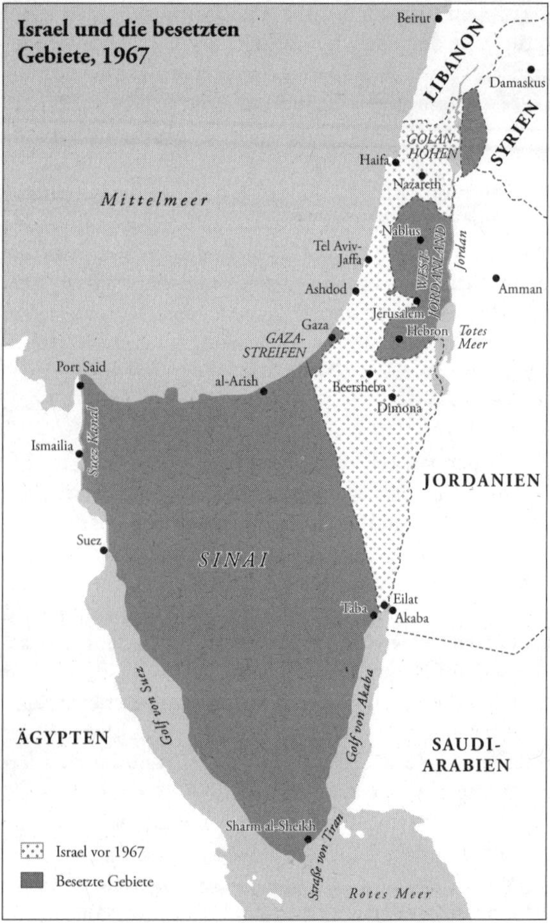

Israel und die besetzten Gebiete, 1967
Beirut
LIBANON
Damaskus
SYRIEN
GOLAN-HÖHEN
Haifa
Nazareth
Mittelmeer
Nablus
WEST-JORDANLAND
Jordan
Tel Aviv-Jaffa
Ashdod
Amman
Jerusalem
Gaza
GAZA-STREIFEN
Hebron
Totes Meer
Port Said
al-Arish
Beersheba
Dimona
Ismailia
Suez Kanal
JORDANIEN
Suez
SINAI
Eilat
Taba
Akaba
Golf von Suez
Golf von Akaba
ÄGYPTEN
SAUDI-ARABIEN
Sharm al-Sheikh
Straße von Tiran
Israel vor 1967
Besetzte Gebiete
Rotes Meer

gleich gelangten rund 1,3 Millionen Palästinenser unter israelische Herrschaft, was die Ausprägung eines nationalen Stolzes, die bereits in den fünfziger Jahren begonnen hatte, noch verstärkte.

Der Sicherheitsrat der Vereinten Nationen forderte als Reaktion auf den Sechstage-Krieg in der Resolution 242 vom 22. November 1967 den Rückzug Israels aus den besetzten Gebieten, wobei im Text der Resolution nicht deutlich wird, ob der Rückzug aus allen Gebieten oder nur aus Teilen erfolgen soll. Zugleich wurden alle Staaten in der Region aufgefordert, den allgemeinen Kriegszustand zu beenden und einander anzuerkennen. Die Resolution richtete sich also nicht nur an Israel, sondern auch an die arabischen Staaten. Allerdings waren beide Seiten nicht zu einer Umsetzung dieser Resolution bereit. Daher kehrte auch nach dem Sechstage-Krieg trotz des klaren israelischen Sieges keine Ruhe in die Nahostregion ein. Außerdem tauchte ein neuer Akteur auf der politischen Bühne des Nahostkonflikts auf: die Palästinenser.

In der UN-Resolution 242 ist wie in allen vorangegangenen Beschlüssen keine Rede von den legitimen Rechten der arabischen Bevölkerung Palästinas, stattdessen wurde der Eindruck erweckt, dass alle Verhandlungen Israels mit Ägypten, Jordanien und Syrien zu erfolgen hätten. Die lokal ansässige Bevölkerung wurde nicht als Verhandlungspartner in Betracht gezogen.

Um den Belangen der palästinensischen Bevölkerung Gehör zu verschaffen, waren bereits seit dem Ende der 1950er Jahre verschiedene paramilitärische Verbände, die meistens von einer Mischung aus Nationalismus und Sozialismus geprägt waren, gegründet worden, die sich 1964 auf

Initiative Ägyptens unter einem Dachverband zusammenschlossen: der *Palästinensischen Befreiungsorganisation* (PLO). Die größte dieser Gruppierungen, die von Jassir Arafat geführte *Fatach*, blieb der PLO zunächst fern. Erst der Sechstage-Krieg, der dazu führte, dass die ägyptische Dominanz innerhalb der PLO infrage gestellt wurde, bildete den Anlass für Arafat, der PLO beizutreten und schließlich sogar die Führung zu übernehmen. Damit einher ging ein Wechsel in der Taktik des palästinensischen Kampfes: Während die PLO bereits zuvor das Ziel vertreten hatte, Israel zu zerstören, wurde jetzt die Wahl der Mittel radikaler. Zuvor hatte Ägypten aus Furcht vor israelischen Vergeltungsschlägen offenen Terrorismus unterbunden und die PLO vor allem als politische Organisation genutzt. Nachdem der ägyptische Einfluss geschwunden war, sah Arafat gerade Angriffe auf zivile Ziele als Möglichkeit an, sowohl Israel herauszufordern als auch die Welt auf die Situation der Palästinenser aufmerksam zu machen.

Diese hatte sich durch den Sechstage-Krieg weiter verschlechtert: Nachdem bereits viele Flüchtlinge während des Ersten Nahostkriegs ins Westjordanland gelangt waren und dort oftmals in Flüchtlingslagern untergebracht wurden, kam es nun zu Vertreibungen aus dem Westjordanland, so dass sich die Zahl der Flüchtlinge innerhalb Jordaniens in erheblichem Maß erhöhte. Gerade die Unfähigkeit der arabischen Staaten, an dieser Situation etwas zu ändern, trieb die Palästinenser in die Arme der PLO, die zwar auch nicht in der Lage war, wesentliche Verbesserungen für die Palästinenser zu erreichen, aber doch durch ihre Aktionen zumindest ein gewisses Maß an Präsenz zeigte.

Auch innerhalb Israels führte der Sieg von 1967 zu einer Stimmungsänderung: Neben dem Gefühl der Unbesiegbarkeit kam es zu einer Neuorientierung zionistischer Interessen, die sich nun auf die besetzten Gebiete konzentrierten. Nicht nur rechtsgerichtete Kreise wünschten eine jüdische Besiedlung dieser Gegenden, auch die traditionell eher links stehende Kibbuzbewegung sah die Möglichkeit einer Neubelebung außerhalb der Vorkriegsgrenzen. Dabei spielte das Argument der Sicherheit Israels eine wichtige Rolle: Da man die alten Grenzen teilweise als nur schlecht zu verteidigen angesehen hatte, wobei die Tatsache, dass Tel Aviv nur 15 Kilometer von der Grenze zur Westbank liegt, als besonders problematisch empfunden wurde, hatte man jetzt erstmals eine Art von Hinterland, das eine effektive Militärpolitik ermöglichte. Dabei kam es zu Überlegungen wie dem Allon-Plan, einen Teil der besetzten Gebiete, nämlich denjenigen, der besonders stark von den Palästinensern bevölkert war, im Rahmen eines Friedensabkommens zurückzugeben, während andere Teile aus strategischen Gründen annektiert werden sollten. Das religiöse und politisch rechte Lager setzte dagegen auf eine Annexion aller besetzten Gebiete, auf die man nicht nur mit Hilfe der Bibel Ansprüche erhob, sondern in denen man auch die Vollendung des zionistischen Traums sah.

Mit diesem neuen Bewusstsein ging auch einher, dass man nicht unbedingt auf Friedensverhandlungen mit den arabischen Staaten setzte, so dass die vorsichtigen Versuche, die diese starteten, auf keine Resonanz stießen, wobei bis heute nicht klar ist, wie ernst diese Offerten gemeint waren. Dabei wäre es falsch, diesen Mangel an Beweglichkeit allein Levi Eschkol anzulasten, der durchaus die Möglichkeit eines Friedensschlusses in Betracht zog, dabei allerdings auch Gegner im eigenen Lager hatte und nicht wirklich von der Friedensbereitschaft der arabischen Seite überzeugt war.

Für die israelische Innenpolitik führte die Regierung der nationalen Einheit auch zu einer größeren Einheit innerhalb des sozialistisch-zionistischen Lagers: Am 23. Januar 1968 schloss sich die *Rafi*, wenn auch ohne Ben-Gurion, dem *Ma'arakh* an und gründete mit ihm die *Israelische Arbeitspartei* (IAP). Damit war die alte Einheit der sozialistischen Parteien so gut wie wiederhergestellt, auch wenn die Abnutzung der seit fast zwanzig Jahren regierenden Partei, die man schon fast als Staatspartei bezeichnen konnte, nicht zu übersehen war.

Die Amtszeit Golda Meirs

Juni 1968 – 7.8.1970	Abnutzungskrieg
17.3.1969	Amtsantritt Golda Meirs
28.10.1969	Wahlen zur Siebten Knesset

Am 26. Februar 1969 starb Levi Eschkol, seine Nachfolgerin im Amt wurde Golda Meir (1898–1978): Golda Meir stammte ursprünglich aus Kiew. 1903 war ihr Vater in die USA ausgewandert und holte die Familie drei Jahre später nach. Im Lauf ihrer Ausbildung kam sie mit zionistisch gesinnten Verwandten in Kontakt, die ihre Begeisterung für die sozialistische Richtung des Zionismus weckten. 1921 wanderte sie mit ihrem Mann nach Palästina ein und schloss sich der Kibbuzbewegung an. Als Mitglied zionistisch-sozialistischer Vereinigungen kehrte sie von 1932 bis 1934 in die USA zurück, um dort Gelder für den Aufbau eines jüdischen

Staates einzuwerben. Nach ihrer Rückkehr nach Palästina stieg sie schnell in der *Jewish Agency* auf und wurde Leiterin der Politischen Abteilung. In dieser Eigenschaft führte Meir die Verhandlungen mit der britischen Mandatsmacht und mit dem Emir von Transjordanien.

Nach der Unabhängigkeit Israels wurde Golda Meir bis 1949 als Botschafterin in die UdSSR geschickt. Im selben Jahr erfolgte ihre Wahl in die Knesset. Sie diente in den verschiedenen Kabinetten Ben-Gurions und Scharetts bis 1956 als Arbeitsministerin, zwischen 1956 und 1966 war sie Außenministerin. Aus gesundheitlichen Gründen trat sie von diesem Amt zurück, um dann kurze Zeit später als Generalsekretärin der *Mapai* wieder ins politische Leben zurückzukehren.

Da sie 1969 bereits schwer erkrankt war, wünschte sie eigentlich, nur übergangsweise den Posten der Regierungschefin auszuüben, blieb jedoch fünf Jahre auf dieser Position. Politisch bedeutete der Amtswechsel keine große Veränderung: Ähnlich wie Eschkol, der sich dabei allerdings konziliianter im Ton präsentiert hatte, kam für Golda Meir ein Rückzug aus den besetzten Gebieten nur nach einem vollständigen Friedensschluss in Frage, zugleich strebte sie an, die für die Sicherheit Israels relevanten Teile vor allem der Westbank, aber auch der Golanhöhen zu behalten. Letztlich ging es um eine Bewahrung des Status quo, der Vorrang vor allen Veränderungen haben sollte, die den Bestand des israelischen Staates gefährden könnten. Damit waren aber auch Verhandlungen mit den arabischen Staaten ausgeschlossen, wenn sie nicht das Ziel eines endgültigen Friedensschlusses hatten. Teilabkommen und vorläufige Abmachungen kamen für die Regierung Meir nicht in Betracht.

Am 28. Oktober 1969 endeten die Wahlen zur Siebten Knesset mit einem überzeugenden Sieg der IAP, die jetzt 56 Abgeordnete stellen konnte; die *Gachal* stellte weiterhin 26 Abgeordnete, die übrigen Sitze wurden, abgesehen von der *Nationalreligiösen Partei*, die 12 Mandate errang, von verschiedenen Splittergruppen eingenommen.

Golda Meir bildete wieder eine Regierung der *Nationalen Einheit*, der auch *Gachal*, die *Nationalreligiösen*, die *Unabhängigen Liberalen* und zwei kleine arabische Parteien angehörten. Allerdings schied die *Gachal* wegen Differenzen über die Möglichkeiten einer Verständigung mit den arabischen Nachbarn bereits am 6. August 1970 aus der Regierung aus.

Mit dem Amtsantritt der Regierung Meir änderte sich auch die Strategie Ägyptens. Es wurde nun eine neue bewaffnete Auseinandersetzung gesucht, die allerdings nicht die Dimension eines ausgewachsenen Krieges haben sollte. Diese Scharmützel über den Suez-Kanal hinweg hatten bereits ein Jahr nach dem Ende des Sechstage-Krieges eingesetzt, allerdings erreichten sie in den Jahren 1969 und 1970 eine neue Intensität; von beiden Seiten kam es immer wieder zu Angriffen auf gegnerische Stellungen, zugleich entwickelten die Israelis die Strategie, ihre militärischen Posten am Suez-Kanal zu befestigen, um einen großangelegten ägyptischen Angriff unmöglich zu machen. Dieser sogenannte Abnutzungskrieg hatte den Zweck, die israelische Seite zu zermürben, um sie zu Zugeständnissen zu zwingen. Am 7. August 1970 erfolgte ein von den USA vermittelter Waffenstillstand, der allerdings nicht zu weiteren Abkommen führte. Der ägyptische Präsident Anwar as-Sadat, der nach dem Tode Nassers im Jahre 1970 an die

Macht gekommen war, bemühte sich um weitergehende Verhandlungen und Absprachen, stieß jedoch auf Golda Meirs Ablehnung, da sie nicht sofort in einen Friedensvertrag münden sollten.

Der Jom-Kippur-Krieg und seine Folgen

6.–26.10.1973	Jom-Kippur-Krieg
31.12.1973	Wahlen zur Achten Knesset
3.6.1974	Rücktritt Golda Meirs

Am 6. Oktober 1973 griffen Ägypten und Syrien Israel an, wobei sich die ägyptischen Streitkräfte am Ostufer des Suez-Kanals festsetzen konnten. Dieser Angriff traf die israelische Seite völlig unvorbereitet. Zwar hatte es zuvor geheimdienstliche Warnungen vor einer ägyptischen Truppenkonzentration am Suez-Kanal gegeben, doch hatte sich die israelische Regierung gescheut, diese Bewegungen zum Anlass zu nehmen, die eigenen Truppen in Alarmbereitschaft zu versetzen oder einen Präventivschlag zu führen. Dabei spielten sowohl innen- als auch außenpolitische Interessen eine Rolle: Einerseits fürchtete die Regierung, durch einen Fehlalarm im Vorfeld des Jom-Kippur, des wichtigsten Feiertags im Judentum, an Reputation zu verlieren, andererseits kam man durch die nach dem Sechstage-Krieg gemachte Erfahrung zu dem Schluss, dass ein Präventivschlag die ohnehin schon prekäre außenpolitische Situation weiter verschlechtern würde. Dadurch waren die israelischen Truppen sowohl auf dem Sinai als auch auf dem Golan zunächst in die Defensive gedrängt. Es dauerte mehrere Tage, bis es ihnen gelang, die Front zu stabilisieren und

zum Gegenangriff überzugehen. Dieser Krieg endete am 26. Oktober mit einem von den USA vermittelten Waffenstillstand, der eine Art Unentschieden festlegte und somit den Mythos der absoluten israelischen Überlegenheit zerstörte. Zwar hatte es Israel im Lauf des Krieges geschafft, auf dem Golan weitere syrische Gebiete zu besetzen, und war auch über den Suez-Kanal in ägyptisches Kernland vorgedrungen, zugleich hatte es bis zum Waffenstillstand nicht vermocht, die ägyptischen Truppen, die sich auf der Sinai-Halbinsel befanden, zu schlagen. Damit stärkte der Ausgang dieses Krieges das Selbstbewusstsein der arabischen Staaten. Nach ägyptischer Auffassung war der Jom-Kippur-Krieg nicht geführt worden, um eine Zerstörung Israels herbeizuführen, vielmehr sei es darum gegangen, durch die Rückeroberung eines Teiles der besetzten Gebiete Israel an den Verhandlungstisch zu bringen.

In Israel führte der Jom-Kippur-Krieg zu einer ersten Erschütterung der bis dahin weitgehend unangefochtenen Dominanz der IAP. In der Öffentlichkeit wurden Fragen nach der Kompetenz der Regierung gestellt, die sich darum bemühte, die Schuld an dem Versagen im Vorfeld und an verschiedenen Fehlern im Lauf des Krieges der militärischen Führung anzulasten.

Allerdings war diese Strategie nicht endlos weiterführbar. Obwohl die IAP trotz herber Verluste in den Wahlen vom 31. Dezember 1973 weiterhin die stärkste Kraft blieb, entschloss sich Golda Meir im April 1974 zum Rücktritt, der am 3. Juni wirksam wurde.

Vor dem Machtwechsel: Jitzchak Rabin als Ministerpräsident

3.6.1974	Jitzchak Rabin wird Ministerpräsident
4.9.1975	Sinai-Interim-Abkommen
3./4.7.1976	Operation Entebbe

Am 3. Juni 1974 wurde Jitzchak Rabin zum Nachfolger Golda Meirs gewählt.

Im Gegensatz zu seinen Vorgängern war Jitzchak Rabin in Israel geboren worden: Er kam 1922 als Kind von Einwanderern in Jerusalem zur Welt. Er wuchs mit den Idealen der Kibbuzbewegung auf und schloss 1940 in Tel Aviv seine Schulausbildung ab mit der Absicht, Bewässerungsingenieur zu werden. Allerdings führten die Ereignisse innerhalb und außerhalb Palästinas dazu, dass er sich 1941 dem *Palmach* anschloss. Er stieg dort vergleichsweise schnell auf und kämpfte im Unabhängigkeitskrieg als Brigadekommandant, zudem nahm er nach Kriegsende an den Waffenstillstandsverhandlungen auf Rhodos teil.

Rabin entschloss sich dazu, in der israelischen Armee zu bleiben, und wurde 1964 zum Generalstabschef ernannt. In dieser Funktion war er der Kommandeur der israelischen Streitkräfte im Sechstage-Krieg, den er strategisch vorbereitet hatte.

Nachdem er sich 1968 aus dem Dienst in der Armee zurückgezogen hatte, übernahm er den Posten des israelischen Botschafters in Washington, den er bis 1973 innehatte. Dabei fiel seine Amtszeit in die Periode der israelisch-amerikanischen Beziehungen, in der die ersten großen Waffengeschäfte eingefädelt wurden, die über die Kontakte seit 1964 hinausgingen.

Nach seiner Rückkehr wurde Rabin 1973 zum ersten Mal für die IAP in die Knesset gewählt. Im März 1974 wurde er zum Arbeitsminister ernannt und entwickelte sich sehr schnell zum ›Kronprinzen‹ Golda Meirs, nachdem es ihm gelungen war, im April 1974 den Vorsitz der IAP zu übernehmen.

Die Regierung Rabin musste sich nicht nur mit den Folgen des Jom-Kippur-Krieges auseinandersetzen, sondern auch die angeschlagene Wirtschaft wiederbeleben. Erschwerend kam hinzu, dass seine Regierung alles andere als stark und zudem in sich gespalten war. Hinsichtlich der möglichen Aussichten arabisch-israelischer Verhandlungen war auch Rabin eher vorsichtig, gerade mit Blick auf die augenblickliche Schwäche seines Landes ging es ihm vor allem darum, kein Risiko einzugehen und die Situation nicht weiter zu verschlimmern. Allerdings kam es mit dem Sinai-Interim-Abkommen vom 4. September 1975 zu einer wichtigen Übereinkunft mit Ägypten, in der beide Seiten ihre Absicht erklärten, Konflikte nicht auf militärischem Wege zu lösen, und einen weiteren Abzug der Truppen beider Staaten auf der Sinai-Halbinsel vereinbarten. Damit erfüllten sie wichtige Forderungen der UN-Resolution 338, die während des Jom-Kippur-Krieges verabschiedet worden war und die neben einer sofortigen Feuereinstellung weitergehende Maßnahmen zum Abbau der Spannungen forderte. Das Abkommen von 1975 bedeutete einen wichtigen Schritt in Richtung des israelisch-ägyptischen Friedensvertrags, zu dem es jedoch noch ein weiter Weg war.

Zugleich zeichnete sich durch den 1975 begonnenen Bürgerkrieg im Libanon ein Engagement Israels zugunsten der dortigen Christen ab, das im Lauf der nächsten Jahre zunehmen und sich in den 1980er Jahren noch als wichtig erweisen sollte.

Ein weiteres zentrales Ereignis in der Amtszeit Jitzchak Rabins war der Kampf gegen den antiisraelischen Terrorismus, der vor allem in der Befreiung einer entführten Air-France-Maschine auf dem Flughafen von Entebbe einen Höhepunkt fand. Am 27. Juni 1976 war das Flugzeug, das von Tel Aviv nach Paris unterwegs war, nach einem Zwischenstop in Athen entführt worden und schließlich nach einem Stop in Benghasi in Entebbe gelandet. Bei den Entführern handelte es sich um zwei Mitglieder der *Volksfront zur Befreiung Palästinas*, zu denen später noch mindestens vier weitere hinzukamen, und zwei deutsche Terroristen der *Revolutionären Zellen*. Ziel war die Freilassung von insgesamt 53 Terroristen in Israel, Deutschland, Frankreich und der Schweiz. In Entebbe, wo man offenbar mit der Unterstützung des ugandischen Diktators Idi Amin rechnen konnte, wurden die Geiseln nach Juden und Nichtjuden sortiert. Die Nichtjuden durften die Weiterreise nach Paris antreten, während alle israelischen und anderen Juden in der alten Transithalle des Flughafens gefangengehalten wurden. Insgesamt handelte es sich um 105 Geiseln, von denen zwanzig, darunter die gesamte Crew des Flugzeugs, keine Juden waren, sich aber geweigert hatten, die Geiseln im Stich zu lassen.

Da die israelische Regierung es kategorisch ablehnte, Geiseln gegen Gefangene auszutauschen, um nicht in Zukunft erpressbar zu sein, musste eine Befreiung auf militärischem Weg in Erwägung gezogen werden. Nachdem Militär und Geheimdienst Informationen über die räumlichen

Gegebenheiten in Entebbe gesammelt hatten, schickte man am 3. Juli ungefähr hundert Elitesoldaten mit Flugzeugen nach Entebbe, die dort in der Nacht zum 4. Juli ankamen und den Terminal stürmten. Bei dem Angriff wurden sieben Terroristen und 45 ugandische Soldaten getötet, außerdem kamen drei Geiseln ums Leben, eine vierte wurde am nächsten Tag in einem Krankenhaus in Entebbe ermordet. Auch der Kommandeur der israelischen Einheit wurde getötet. Trotzdem wurde die Befreiungsaktion als Erfolg gewertet, mit der Israel gezeigt hatte, wie es in Zukunft solche Situationen lösen werde.

Der Rest der Amtszeit Rabins verlief weniger erfolgreich: Ende des Jahres 1976 war die *Nationalreligiöse Partei* aus der Koalition ausgeschieden, da es bei der Lieferung von F-15-Kampfflugzeugen aus den USA zu einem Bruch der Sabbatruhe gekommen war. Deswegen sah sich Rabin dazu gezwungen, für den März 1977 Neuwahlen anzukündigen. Allerdings konnte er nicht mehr als Spitzenkandidat antreten, da durch einen Zeitungsartikel bekannt geworden war, dass die Familie Rabin aus Rabins Zeit als Botschafter in den USA über ein Dollar-Konto verfügte, das nach seiner Rückkehr nach Israel nicht aufgelöst worden war, was zu diesem Zeitpunkt einen Gesetzesbruch darstellte. Durch die allgemeine Unzufriedenheit mit der politischen Elite des Landes konnte dieses relativ kleine Vergehen nicht stillschweigend geregelt werden, so dass sich Rabin genötigt sah, auf die Kandidatur zur Wahl zu verzichten. Statt seiner sollte sein langjähriger Rivale, Außenminister Schimon Peres, als Spitzenkandidat antreten.

Schimon Peres war 1923 im damals polnischen und heute zu Weißrussland gehörenden Wischnewa zur Welt gekommen. 1934 folgte seine Familie seinem Vater, der bereits zwei Jahre zuvor nach Tel Aviv ausgewandert war. Dort schloss Peres seine Schulausbildung ab und wandte sich der Kibbuzbewegung zu. Gleichzeitig stieg er in den Reihen der Jugendorganisation der *Mapai* auf. 1947 trat Peres der *Haganah* bei, verfolgte jedoch keine militärische Karriere, sondern wurde von Ben-Gurion, seinem Mentor, damit beauftragt, sich um das Personalwesen und die Waffenbeschaffung zu kümmern. 1953 wurde er zum Generaldirektor im Verteidigungsministerium ernannt, wobei er enge Kontakte zu Frankreich knüpfte, die sich beim Suez-Krieg als nützlich erweisen sollten. Zugleich trieb Peres die israelische Atomwaffenforschung entscheidend voran und sorgte so dafür, dass Israel inoffiziell zur Atommacht werden konnte.

1959 wurde Peres zum ersten Mal für die *Mapai* in die Knesset gewählt, bis 1965 diente er als stellvertretender Verteidigungsminister. Als Ben-Gurion die *Mapai* verließ und die *Rafi* gründete, folgte ihm Peres, um sich 1968 an dem Zusammenschluss zwischen *Rafi* und *Mapai* zur IAP zu beteiligen.

In der Folgezeit diente er in mehreren Kabinetten als Minister verschiedener Bereiche. Sein Versuch, 1974 die Parteispitze zu übernehmen, um die Nachfolge Golda Meirs als Ministerpräsident antreten zu können, schlug allerdings fehl, da die Partei ihm Jitzchak Rabin vorzog. Erst mit dem Rücktritt Rabins bot sich Peres eine neue Chance, als Spitzenkandidat bei den Wahlen anzutreten.

Innen- und außenpolitische Umbrüche (1977–1992)

Epochenüberblick

Nachdem die *Arbeiterpartei* drei Jahrzehnte lang die Politik des Staates Israel bestimmt hatte, brach mit dem Regierungswechsel 1977 und der Regierungsübernahme durch den *Likud* eine neue Zeit an, die nicht mehr so eindeutig wie bisher von nur einer Partei dominiert wurde. Zwar dauerte es bis 1984, bis sich die IAP von ihrem Popularitätsverlust erholt hatte, aber ab da wurde Israel vor allem von den beiden großen Parteien *Likud* und IAP geprägt, die oft nur miteinander zu einer regierungsfähigen Mehrheit gelangen konnten, wenn sie sich nicht zu sehr von radikalen Kräften abhängig machen wollten.

Ansonsten ist der Zeitraum von 1977 bis 1992 vor allem von drei Ereignissen geprägt:

Zunächst steht der Frieden mit Ägypten im Mittelpunkt: Zum ersten Mal kommt es zwischen Israel und einem arabischen Staat zu einer Vereinbarung über ein Ende jeglicher Gewalt. Allerdings gelingt es nicht, diesen Friedensschluss zu einem Modell für die übrigen arabischen Staaten zu machen, da diese den ägyptischen Sonderweg ablehnen, so dass am Ende Ägypten von der arabischen Welt isoliert ist. Auch der Versuch Ägyptens, gleichzeitig eine Lösung für die Palästinenserproblematik zu finden, scheitert, da sich Israel weigert, entsprechende Passagen im Vertragswerk entschieden genug umzusetzen.

Das zweite Ereignis, das für diesen Abschnitt bestimmend ist, ist das Eingreifen Israels in den libanesischen Bürgerkrieg, das sich von einer kurzen Operation zur Ausschaltung der PLO zu einem langwierigen Engagement entwickelt und Israel im In- und Ausland viele Sympathien kostet.

Das dritte Ereignis ist die *Intifada*, die 1987 ausbricht, die Situation der Palästinenser in den besetzten Gebieten wieder in den Mittelpunkt rückt und die Notwendigkeit einer Lösung der nach wie vor noch offenen Statusfrage vor Augen führt.

Regierungswechsel

17.5.1977 Wahlen zur Neunten Knesset
20.6.1977 Menachem Begin wird Ministerpräsident

Erst 1977 konnte der nichtsozialistische und stärker nationalistisch ausgerichtete *Likud* die Regierung übernehmen und eine Entwicklung einleiten, die weniger von den sozialistischen Idealen der Gründerväter geprägt war. Der Machtwechsel hatte vor allem zwei Gründe: Zum einen war der *Likud* das Ergebnis eines Zusammengehens der *Cherut* des ehemaligen *Etzel*-Kommandeurs Menachem Begin mit anderen Gruppierungen des rechten Spektrums und mit bürgerlich-liberalen Parteien. Somit hatten die rechten Parteien sich der politischen Mitte angenähert und für die Wähler an Attraktivität gewonnen. Zum anderen war es dem *Likud* gelungen, sich als Vertreter der Interessen der orientalischen Juden, deren Anteil an der Gesamtbevölkerung seit der Staatsgründung immer weiter zunahm, zu profilieren. Zwar stammte auch die Führung des *Likud* überwiegend aus dem osteuropäischen Raum, trotzdem galt der *Likud* im

Gegensatz zu den Sozialisten als Vertreter der orientalischen Juden, deren Wohlstand und Bildungsgrad unter dem der europäischen Juden lag. Der *Likud* machte auf diese Missstände, die die bisherigen Regierungen nicht behoben hatten, aufmerksam und konnte damit Erfolge verbuchen. Ein weiterer Grund für den Erfolg des *Likud* dürfte darin liegen, dass seine kompromisslosere Haltung gegenüber den Arabern gerade von den orientalischen Juden begrüßt wurde.

Die Dominanz des *Likud* sollte bis 1984 dauern. Durch große wirtschaftliche Probleme, das Steigen der Arbeitslosigkeit und die Proteste gegen den Libanon-Krieg konnte in den Wahlen von 1984 keine der beiden großen Parteien die Mehrheit gewinnen, so dass eine große Koalition gebildet werden musste. Bis heute ist es noch keiner Partei wieder gelungen, über zwei Legislaturperioden hinweg die Macht zu behalten.

Angeführt wurde der *Likud* von seinem Begründer Menachem Begin (1913–1992). Begin stammte aus dem damals unter russischer Herrschaft stehenden Brest-Litowsk. Anders als viele andere Juden aus Osteuropa hatte er seine politische Heimat nicht im zionistischen Sozialismus gefunden, sondern sich den Revisionisten Jabotinskys angeschlossen und in der polnischen Sektion des Jugendverbands *Betar* Karriere gemacht. Als Polen 1939 von Deutschland überfallen wurde, floh er in Richtung Osten und wurde von den Sowjets interniert. Nach dem deutschen Überfall auf die Sowjetunion wurde er freigelassen, schloss sich der polnischen Armee unter General Władisław Anders an und gelangte als polnischer Soldat nach Palästina. Nach seiner Entlassung aus der polnischen Armee 1942 schloss er sich der *Etzel* an und wurde 1944 ihr politischer Führer. Mit seiner kompromisslosen Haltung gegenüber Briten und Arabern und seiner Bereitschaft, den Kampf um einen jüdischen Staat auch mit Mitteln des Terrorismus zu führen, stand er im Gegensatz zur Politik der *Jewish Agency*. Trotzdem kam es zu Kooperationen zwischen *Etzel* und *Haganah*, wenn es die Notwendigkeit gebot. Nach dem Ende des Unabhängigkeitskriegs weigerte er sich, seine Organisation aufzulösen und ihre Mitglieder in die israelische Armee einzugliedern. Nachdem die revisionistischen paramilitärischen Verbände mit Gewalt entwaffnet worden waren, gründete Begin die extrem rechtsstehende Partei *Cherut* (›Freiheit‹), um seine Ansichten und Ziele auf politischem Wege zu verfolgen. Lange Zeit galt er in Israel als ›enfant terrible‹ und wurde vom Establishment gemieden. Erst das Zusammengehen seiner Partei mit bürgerlich-liberalen Gruppierungen führte dazu, dass Begin 1967 für koalitionstauglich erachtet wurde.

Der Ausgang der Wahlen von 1977

Die IAP hatte bei den Wahlen zur Neunten Knesset am 17. Mai 1977 eine schwere Niederlage erlitten, die Zahl ihrer Mandate verringerte sich von 51 auf nur noch 32, der *Likud* konnte jedoch lediglich in Maßen davon profitieren, er erhielt 43 Mandate und damit vier mehr als in der vorherigen Knesset. Auch die religiösen Parteien konnten die Anzahl ihrer Sitze nur leicht erhöhen (von 15 auf 17). Wichtigster Gewinner der Wahlen war die *Bewegung für demokratische Veränderung* (*Schinui*), eine neue Partei, die sich im bürgerlichen Lager gebildet hatte und die sich als Gegengewicht zu religiösen und sozialistischen Gruppierungen verstand: Sie konnte auf Anhieb 15 Mandate gewinnen.

Nachdem es Begin gelungen war, ein Bündnis mit den religiösen Parteien und einigen Einzelabgeordneten, darunter Mosche Dajan und Ariel Scharon, zu schmieden, konnte er schließlich mit Beteiligung der *Schinui* eine Regierung auf vergleichsweise breiter Basis bilden. Damit stand der *Likud* in der Tradition der vorhergehenden Regierungen, die sich darum bemühten, nicht zu sehr von einem Koalitionspartner abhängig zu sein, um in Streitfällen innerhalb der Regierung weiterhin entscheidungsfähig zu bleiben.

Innenpolitische Umbrüche

Der Machtwechsel, der zum ersten Mal eine Regierung erlaubte, die nicht vom sozialistischen Spektrum dominiert wurde, veränderte das Land in mehrfacher Hinsicht: Die Tendenz zu einer Stärkung der religiösen Kräfte im alltäglichen Leben, die sich bereits nach dem Sechstage-Krieg gezeigt hatte, nahm noch weiter zu: Dadurch, dass jetzt innerhalb der Regierung die Spannungen zwischen religiösen und säkular-sozialistischen Kräften von einer Zusammenarbeit der Religiösen mit traditionalistisch ausgerichteten Säkularen abgelöst wurden, konnten sich die Religiösen häufiger mit ihren Forderungen durchsetzen oder Kompromisse finden, die stärker an ihren Vorstellungen orientiert waren. Dies zeigt sich beispielsweise an einer strikteren Durchsetzung der Sabbatruhe.

Auch in Bezug auf die besetzten Gebiete zeigte die Zusammenarbeit des *Likud* mit den religiösen Parteien einen Paradigmenwechsel an: Zwar waren auch die sozialistischen Zionisten für einen Ausbau des Siedlungswesens nach den Eroberungen von 1967 eingetreten, doch waren ihre Konzepte vor allem am Kriterium der Sicherheit des Staates Israel ausgerichtet, so dass sich eine immer stärkere Kluft zu den religiösen Parteien bildete, die nach 1967 dem Siedlungswesen eine geradezu messianische Bedeutung beimaßen. Diese Sichtweise ließ sich gut mit der des *Likud* in Einklang bringen, die in den besetzten Gebieten die Möglichkeit der Vollendung des zionistischen Traumes sah, also Siedlungen zur dauerhaften Erschließung des ganzen Landes wünschte und sich somit vor allen Dingen an der Größe des Landes und weniger an Aspekten der Sicherheit orientierte.

Eine der wichtigsten Fragen war dabei, wie man mit arabischen Ortschaften verfahren sollte: Während Sicherheitskreise vor allem eine Besiedlung des relativ unbewohnten Jordantals bevorzugten, die einen Angriff von Osten verhindern sollte, ging es den religiösen Siedlern vor allem darum, die Gebiete zu erschließen, die bereits in der Vergangenheit von Juden besiedelt waren. Ein prominentes Beispiel für diese Absicht ist die Siedlung Kirjat Arba, die sich in der arabischen Stadt Hebron befindet und sich auf das jüdische Hebron beruft, das bis 1929 bestand.

Wirtschaftliche Umbrüche und Kontinuitäten

Die bereits seit dem Ende des Jom-Kippur-Krieges anhaltende Inflation konnte auch von der neuen Regierung nicht eingedämmt werden. Während der *Likud* wirtschaftlich über kein wirkliches Programm verfügte, bemühten sich die Liberalen in der Regierungskoalition darum, die zuvor sozialistisch ausgerichtete Wirtschaftsordnung stärker zu einer freien Marktwirtschaft hin umzuformen. Dies gelang jedoch nur teilweise, da der öffentliche Druck, sowohl von den noch immer starken Gewerkschaften als auch von den Arbeitgebern, eine weitergehende Privatisierung wichtiger Wirtschaftszweige verhinderte. Da die Ausgaben gerade im Sozial- und Militärbereich stiegen und Israel vor allem auf Importe aus dem Ausland angewiesen war, die sich durch die weltweite Inflation ständig verteuerten, nahm die Staatsverschuldung zu. Notwendigerweise mussten immer höhere Summen zur Schuldentilgung bereitgestellt werden, so dass an eine wirkliche Bekämpfung der Inflation nicht zu denken war. Erst ab 1981 bemühte sich der Finanzminister Joram Aridor um einschneidende Sparmaßnahmen, die er aber nicht einmal innerhalb des eigenen Kabinetts durchsetzen konnte und die zu einer Neubesetzung seines Postens führten. Die anschließende Subventionspolitik für Waren des täglichen Bedarfs, die zu einem Stimmungsumschwung bei den Wählern zugunsten der Regierung führte und mit Steuersenkungen einherging, heizte die Inflation weiter an.

Demographische Veränderungen: die Falascha

Bereits im Mittelalter war jüdischen Gelehrten die Existenz von Juden in Äthiopien bekannt, wobei bis heute nicht geklärt ist, ob es sich bei ihnen um Nachfahren der antiken israelitischen Stämme, um Proselyten aus dem Jemen oder um eine im Mittelalter aus dem Christentum entstandene Sekte handelt. Sicher ist nur, dass der Kultus dieser Äthiopier, die sich als *Falascha* oder *Beta Israel* bezeichnen, erheblich von den theologischen Grundlagen des rabbinischen Judentums abweicht und eher den Glaubensüberzeugungen der Zeit vor der Zerstörung des Zweiten Tempels entspricht.

Bereits 1973 hatte die israelische Regierung die *Falascha* als Juden anerkannt, mit ihrer Einwanderung hatten sich seit Mitte der 1970er Jahre israelische Behörden beschäftigt, eine endgültige Entscheidung wurde unter der Regierung Begin getroffen, die sich auf ein positives Rechtsgutachten des sephardischen Oberrabbiners Ovadia Joseph stützte, das durchaus nicht von allen rabbinischen Autoritäten anerkannt wurde. Während der Hungersnöte in Äthiopien ab 1977 bemühten sich die Israelis verstärkt darum, die *Falascha* nach Israel zu bringen. Zwischen 1980 und 2000 gelangten über 70 000 Angehörige der *Falascha* nach Israel, wobei viele von der israelischen Luftwaffe mit mehreren Luftbrücken aus Äthiopien und dem Sudan evakuiert wurden.

Das Leben der *Falascha* in Israel war gerade zu Beginn nicht einfach; sie mussten sicherheitshalber pro forma zum Judentum konvertieren, obwohl sie eigentlich als Juden anerkannt waren, und sich in einer Kultur zurechtfinden, die sich sehr von der ihren unterschied. Ihre Ausbildung in Äthiopien entsprach in der Regel nicht derjenigen einer modernen Industriegesellschaft, so dass man Ende der 1990er Jahre feststellen musste, dass 75 % der Neueinwanderer seit 1980 nicht in der Lage waren, Hebräisch zu lesen oder zu schreiben und ein Großteil auch einfache mündliche Konversation nur mangelhaft beherrschte. Die Integrationsmaßnahmen, die von staatlicher Seite getroffen wurden, gingen zu wenig auf die individuellen Bedürfnisse dieser Gruppe ein, die sich erheblich von vorherigen Einwanderungsgruppen unterschied. Außerdem gab es ihnen gegenüber rassistische Vorurteile und den Vorwurf, dass sie die Möglichkeiten auf dem israelischen Arbeitsmarkt erheblich einschränken würden.

Mittlerweile kann die Integration der *Falascha* in weiten Teilen als abgeschlossen bezeichnet werden, wobei Integration – wie bei früheren Einwanderungsgruppen auch – eine Frage der Generationen ist: Diejenigen, die als Kind nach Israel kamen oder dort geboren wurden, konnten sich durch Schule und den obligatorischen Militärdienst in die israelische Gesellschaft integrieren. Viele Probleme der *Falascha* sind jedoch nach wie vor noch nicht gelöst.

Frieden mit Ägypten

19.–21.11.1977	Sadat besucht Israel
17.9.1978	Abkommen von Camp David
26.3.1979	Friedensvertrag zwischen Israel und Ägypten

Eine der außenpolitischen Folgen des Jom-Kippur-Krieges war, dass der ägyptische Staatspräsident Anwar as-Sadat im Jahr 1977 nach Israel reiste, um Friedensgespräche aufzunehmen, die 1979 dazu führten, dass zum ersten Mal der Kriegszustand zwischen Israel und einem arabischen Staat beendet wurde. Bereits in der Zeit zwischen 1974 und 1977 waren von den Vereinten Nationen vermittelte Rückzugsabkommen geschlossen worden. Allerdings war nach dem Machtwechsel in Israel nicht klar, welchen Kurs die neue Regierung bezüglich der arabischen Staaten einschlagen würde. Natürlich gab es durch die eher radikale Rhetorik, der sich gerade der *Likud* in der Vergangenheit bedient hatte, Befürchtungen, dass sich das ohnehin nicht gute Verhältnis zu den arabischen Staaten weiter verschlechtern könnte. Gleichzeitig fragte sich der ägyptische Präsident Sadat, welchen Gewinn er noch aus dem seiner Ansicht nach erfolgreichen Jom-Kippur-Krieg ziehen könnte. Deswegen sah er sich genötigt, persönlich nach Jerusalem zu fliegen, um ein Abkommen zwischen beiden Staaten zu erzielen. Dieser Besuch war natürlich keine spontane Aktion, sondern in diplomatischen Gesprächen, vor allem mit den USA, vorbereitet worden. Da Begin große Schwierigkeiten hatte, für seine Pläne bezüglich der besetzten Gebiete Unterstützung zu erhalten, musste er Präsident Carter von seinen friedlichen Absichten überzeugen und war somit bereit, Sadat offiziell nach Jerusalem einzuladen. Der Besuch Sadats dauerte vom 19. bis zum 21. November 1977. Er war der Beginn einer Reihe von Verhandlungen, an deren Ende das Friedensabkommen zwischen Israel und Ägypten stand. Zuvor war am 17. September 1978 nach rund zweiwöchigen Verhandlungen das Abkommen von Camp David geschlossen worden. Dieses Abkommen bildete nicht nur die Grundlage für den Friedensschluss zwischen Israel und Ägypten, sondern enthielt auch einen zweiten Teil, der sich auf die besetzten palästinensischen Gebiete, den Gazastreifen und das Westjordanland bezog. Dabei wurde angestrebt, weitere Verhandlungen zwischen Israel, Ägypten, Jordanien und Vertretern der Palästinenser aufzunehmen, um diese Gebiete mit einer »vollen Autonomie« auszustatten. Was darunter genau zu verstehen war, blieb in dem Abkommen offen. Während die israelische Seite an eine kommunale Teilautonomie dachte, schwebte den Ägyptern ein Modell vor, das zu einer Form von Staatlichkeit geführt hätte. Auch die Frage, wer letztlich die palästinensische Seite vertreten sollte, wurde nicht geklärt, allerdings machte Israel deutlich, dass es keine Beteiligung der PLO wünschte. Dadurch, dass dieser Teil der Verhandlungen einen multilateralen Charakter besitzen und andere arabische Staaten und Organisationen beteiligen sollte, wurde jedoch schnell deutlich, dass seine Umsetzung in absehbarer Zeit eher unwahrscheinlich war. Die arabischen Staaten unter Einschluss Jordaniens, das an sich eher zu den moderaten Vertretern zählte, betonten, dass sie den einseitigen Weg, den Ägypten eingeschlagen hatte, ohne sich mit den anderen Staaten abzustimmen, ablehnten. Im November 1978 wurde Sadats Vorgehen auf einer arabischen Gipfelkonferenz in Bagdad als Verrat bezeichnet. Somit war eine multilaterale Option nicht mehr möglich.

Am 26. März 1979 unterzeichneten Israel und Ägypten schließlich in Washington den Friedensvertrag. Bis 1981 gab Israel die Sinai-Halbinsel an Ägypten zurück, die jetzt als entmilitarisierte Pufferzone zwischen beiden Staaten lag. Ein weitergehendes Abkommen über die Palästinenserfrage, das ebenfalls von Sadat angestrebt wurde, kam nicht zustande. Ägypten zahlte einen hohen Preis für den Alleingang und das Ausscheren aus der gemeinsamen Front mit den anderen arabischen Staaten: Es wurde nach der Unterzeichnung des Friedensvertrags aus der *Arabischen Liga* ausgeschlossen und blieb bis in die frühen 1990er Jahre isoliert. Sadat wurde 1981 ermordet.

Die Frage nach einer Autonomie für die Palästinenser führte auch innerhalb der israelischen Regierung zu Spannungen, die in den Rücktritten von Außenminister Mosche Dajan im Oktober 1979 und von Verteidigungsminister Eser Weizmann im Mai 1980 kulminierten. Da beide eine volle Autonomie der Palästinenser befürworteten, waren sie mit der Art und Weise unzufrieden, wie Begin die Verhandlungen mit Ägypten verschleppte und damit die Durchführung des entsprechenden Parts des Abkommens von Camp David hintertrieb. Durch ihre Rücktritte erreichten sie jedoch keine Änderung dieser Politik, im Gegenteil, dadurch, dass ihre Stimme im Kabinett nicht mehr Gehör finden konnte, setzten sich die extremeren Kräfte durch.

Neue Kraftprobe mit der PLO

14.3.1978 Israelischer Einmarsch im Südlibanon

Zur selben Zeit, in der mit Ägypten ein Friedensvertrag ausgehandelt wurde, setzte sich der Konflikt mit der PLO fort. Nachdem die PLO 1970 nach einem erfolglosen Versuch, in Jordanien die Macht zu ergreifen, von dort vertrieben worden war, hatte sie sich eine neue Machtbasis im Libanon aufgebaut. Die siebziger Jahre waren geprägt von weltweiten Terroraktionen gegen Israelis und Juden, mit denen Gruppierungen der PLO oder solche, die ihr nahestanden, versuchten, die Aufmerksamkeit der Weltöffentlichkeit für das Palästinenserproblem zu erhalten. Außerdem tobte seit 1975 im Libanon ein Bürgerkrieg zwischen der christlichen und der muslimischen Bevölkerung, an dem sich auch die Palästinenser beteiligten. Es kam dabei vom Libanon aus immer wieder zu Übergriffen auf israelisches Staatsgebiet. Deshalb besetzte Israel am 14. März 1978 den Süden des Libanon bis zum Litani, um die dortigen Basen der PLO zu zerstören. Diese Aktion dauerte zwar nur eine Woche, allerdings verzögerte sich der Rückzug der

Israelis bis zum Ende des Jahres. In dieser Zeit war es Israel gelungen, in dem Gebiet eine Art Stellvertreter zu stationieren, nämlich die Südlibanesische Armee. Bei ihr handelte es sich um eine christliche Miliz, die von Israel ausgerüstet und finanziert wurde. Sie hatte den Auftrag, die Grenze zu Israel zu schützen und weitere Überfälle palästinensischer Gruppen auf israelisches Territorium zu unterbinden, was ihr jedoch nur teilweise gelang. Gleichzeitig hatte die israelische Aktion dazu geführt, dass sich die Vereinten Nationen dazu entschlossen, Blauhelmsoldaten im Südlibanon zu stationieren, die den Auftrag hatten, weitere Kämpfe zu verhindern. Von Seiten der Israelis wurde diesen Truppen immer wieder der Vorwurf gemacht, ihrer Aufgabe nicht entschieden genug nachzugehen, während die Vereinten Nationen Israel und der Südlibanesischen Armee vorwarfen, bei militärischen Aktionen auch Verluste unter den Blauhelmsoldaten in Kauf zu nehmen.

Die Wahlen von 1981

30.6.1981 Wahlen zur Zehnten Knesset
14.12.1981 Annexion der Golanhöhen

Die harten wirtschaftlichen Maßnahmen, zu der sich die Regierung aufgrund der immer drastischer steigenden Inflation entschlossen hatte, verschreckten kurz vor den Wahlen viele *Likud*-Wähler. Da gerade die Schichten, die sich von der IAP nicht repräsentiert sahen und 1977 den Umschwung bewirkt hatten, zu den Betroffenen der Sparmaßnahmen gehörten, fühlten sie sich nun auch nicht mehr vom *Likud* vertreten. Um diesen Trend abzuschwächen oder sogar umzukehren, startete die Regierung zu Beginn des Jahres 1981 eine neue Subventionspolitik, die sich zwar wirtschaftlich als schädlich, politisch allerdings als nützlich erweisen sollte. Vor den Wahlen zur Zehnten Knesset am 30. Juni 1981 war davon ausgegangen worden, dass die IAP unter ihrem Vorsitzenden Schimon Peres wieder an die Regierung gelangen würde. Statt der erwarteten Verluste konnte der *Likud* jedoch die Anzahl seiner Mandate sogar steigern: hatte er am Ende der Legislaturperiode über 40 Sitze verfügt, so erreichte er nun eine Stärke von 48 Abgeordneten. Auch die IAP konnte sich steigern: Sie stellte nun 47 Abgeordnete, also 14 mehr als am Ende der vorherigen Legislaturperiode, allerdings bedeutete diese Erholung nicht die Möglichkeit, wieder eine Regierung zu bilden. Zwar hatte auch das verbündete religiöse Lager Verluste hinnehmen müssen – die *Nationalreligiöse Partei* kam nur noch auf die Hälfte ihrer vorherigen Anzahl von zwölf Abgeordneten –, dennoch gelang es dem *Likud* zusammen mit den religiösen und rechten Gruppierungen, eine Regierungsmehrheit zu erhalten. Genau genommen war diese neue Mehrheit für den *Likud* noch komfortabler, da sie jetzt auf seiner eindeutigen Dominanz beruhte und zugleich Kompromisse mit liberalen Gruppen nicht nötig machte.

Am 5. August 1981 bildete Menachem Begin seine neue Regierung, zu deren ersten Maßnahmen es gehörte, die Annexion der Golanhöhen zu beschließen. Damit war ein deutliches Zeichen gesetzt, dass das Konzept Land für Frieden, das in Hinsicht auf die Sinai-Halbinsel gegolten hatte, den Gazastreifen und die Westbank betreffend jedoch von der Regierung Begin hintertrieben worden war, nicht für das von Israel besetzte syrische Staatsgebiet gelten sollte. Zum einen vermied Begin dadurch, als ein Politiker zu gelten, der Frieden um jeden Preis erreichen wollte, zum anderen trug die Regierung damit auch ihrer Ansicht Rechnung, dass der Besitz des Golan gegenüber Syrien der beste Schutz sei und die Sicherheit Israels gewährleiste.

Ein anderer Regierungsbeschluss sollte den religiösen Gruppierungen entgegenkommen, indem er eine ihrer langjährigen Forderungen erfüllte: die Ausdehnung der Sabbatruhe auf die israelische Fluggesellschaft *El-Al*. Anders als die Annexion des Golan war dieser Beschluss in der Bevölkerung sehr umstritten, denn er bedeutete eine Wende in der bisherigen Politik. Zwar hatten auch die vorherigen Regierungen Rücksicht auf ihre religiösen Koalitionspartner genommen, beginnend mit Ben-Gurion, der beispielsweise den zivilrechtlichen Bereich des Eherechts den religiösen Autoritäten unterstellt hatte, allerdings erschien vielen säkularen Israelis das Flugverbot am Sabbat als die Überschreitung einer Grenze, die den in weiten Teilen nichtreligiösen Staat Israel verändere und das Gewicht der religiösen Gruppierungen zuungunsten der weltlichen Israelis verschiebe.

Der Libanon-Krieg

6.6.1982	Israelischer Einmarsch im Libanon
14.9.1982	Ermordung Baschir Gemayels
16.–18.9.1982	Massaker von Sabra und Schatila
8.3.1983	Bericht der Kahan-Kommission
10.10.1983	Menachem Begin tritt zurück, Jitzchak Schamir wird sein Nachfolger

Da der Erfolg der militärischen Besetzung des Südlibanon die Übergriffe palästinensischer Gruppierungen nur für kurze Zeit unterband, begann Israel am 6. Juni 1982 eine großangelegte Invasion, die zunächst wiederum nur dazu diente, die Basen der PLO im Südlibanon auszuschalten. Anlass waren ein Anschlag auf den israelischen Botschafter in London und wiederholter Raketenbeschuss auf Nordisrael.

Das Ziel der Zerschlagung der PLO im Südlibanon war relativ schnell erreicht: Israel stieß bis Westbeirut vor und schloss die palästinensischen Kämpfer dort ein, so dass sich Arafat im August dazu bereiterklären musste, mitsamt seinen Gefolgsleuten ins Exil nach Tunesien zu gehen, um nicht von Israel vernichtet zu werden. Diesem Rückzug sollte ein baldiger Abzug der israelischen Armee aus dem Libanon folgen, der allerdings nicht vorgenommen wurde, da die Israelis ihre Präsenz für die Aufrechterhaltung der öffentlichen Ordnung als notwendig ansahen. Dadurch wurde Israel jedoch in den libanesischen Bürgerkrieg verwickelt, in dem es sich schon zuvor auf der Seite der christlichen Milizen engagiert hatte.

Gleichzeitig hatte es Israel noch mit einem weiteren Gegner zu tun: Seit Beginn des libanesischen Bürgerkriegs befanden sich syrische Truppen im Libanon, die als Teil einer Friedenstruppe der Arabischen Liga zwischen den Konfliktparteien vermitteln sollten. Allerdings stellten die syrischen Truppen, aus denen dieses Kontingent fast ausschließlich bestand, eher eine Besatzungsmacht als einen Vermittler dar. Sie dienten dazu, den syrischen Anspruch auf den Libanon zu bekräftigen, denn nach syrischer Lesart war der Libanon lediglich dadurch entstanden, dass die vorherige Kolonialmacht Frankreich einen Teil des von ihr verwalteten syrischen Gebiets abgetrennt hatte, um so einen arabischen Staat mit christlicher Bevölkerungsmehrheit zu bilden, der als Vorposten französischer Interessen dienen sollte. Deswegen hatte sich Syrien schnell im libanesischen Bürgerkrieg engagiert und gleichzeitig die Gelegenheit genutzt, durch die Stationierung eigener Truppen, die mit Flugabwehrsystemen ausgerüstet waren, auch den Druck auf Israel zu erhöhen, ohne direkt gegen Israel kämpfen zu müssen.

Menachem Begin hatte zu Beginn der Invasion im Libanon den Syrern zu verstehen gegeben, dass sich der Angriff nicht gegen Syrien richte und dass man von den syrischen Streitkräften erwarte, dass sie sich nicht an den Kämpfen beteiligten. Allerdings konnte sich Syrien darauf nicht einlassen, weil es durch das Eingreifen Israels seine eigenen Interessen bedroht sah.

Es kam während des Einmarschs der Israelis zu Gefechten mit syrischen Truppen, die Israel für sich entscheiden konnte. Diese Gefechte waren von Israel durchaus beabsichtigt, weil man sich von ihnen eine Schwächung der syrischen Position im Libanon versprach. Sie riefen die USA auf den Plan, die eine Eskalation und einen neuen israelisch-syrischen Krieg befürchteten. Durch ihre Vermittlung gelang es, eine solche Verschärfung zu verhindern.

Ziel der israelischen Regierung war es, nach der Amtsübernahme des neuen libanesischen Präsidenten Baschir Gemayel, der zugleich Führer der wichtigsten christlichen Miliz war, einen Friedensvertrag mit dem Libanon abzuschließen, um somit nach Ägypten im Süden auch im Norden eine sichere Grenze zu haben und zugleich die arabische Ablehnungsfront zu spalten. Allerdings wurde Gemayel am 14. September noch vor Amtsantritt ermordet, so dass sich die israelischen Pläne zunächst zerschlugen. Nachdem christliche Milizen als Rache für die Ermordung Gemayels vom 16. bis zum 18. September ein Massaker in den palästinensischen Flüchtlingslagern Sabra und Schatila angerichtet hatten, bei dem von 800 bis zu 2000 Opfern ausgegangen wird, wobei es sowohl höhere als auch niedrigere Schätzungen gibt, geriet Israel erneut in die Kritik der Weltöffentlichkeit. Dem israelischen Verteidigungsminister Ariel Scharon wurde vorgeworfen, das Massaker fahrlässig oder gar bewusst in Kauf genommen zu haben. Israel stand jetzt in der Öffentlichkeit als Aggressor da. Dabei spielte es keine Rolle, dass das Massaker nur eins unter mehreren Kriegsverbrechen im libanesischen Bürgerkrieg war, die von allen Seiten begangen wurden, und dass es nicht israelische Soldaten waren, die die Morde verübt hatten.

Vor allem Scharon geriet zur Zielscheibe von weltweiten Protestaktionen. Auch in Israel kam es zu Demonstrationen gegen das Engagement im Libanon, die den Kern der späteren israelischen Friedensbewegung bilden sollten.

Als Folge der israelischen Massenproteste gegen den Libanon-Krieg wurde am 28. September eine Kommission unter dem Vorsitz des Präsidenten des Obersten Gerichtshofs Jitzchak Kahan eingesetzt, die am 8. März 1983 zu folgenden Ergebnissen kam:

- Den israelischen Streitkräften hätte es klar sein müssen, dass das Eindringen der christlichen Milizen in die Lager zu Massakern führen musste;

- als die christlichen Milizen die Lager betreten hatten, wurde von israelischer Seite nichts unternommen, um die Massaker zügig zu unterbinden;
- Ariel Scharon ist für das Verhalten und die Nachlässigkeit der israelischen Truppen persönlich verantwortlich, seine Eignung zum Verteidigungsminister in Frage zu stellen und sein Rücktritt zu empfehlen;
- der Generalstabschef und der Chef des Militärnachrichtendiensts haben nicht die erforderlichen Maßnahmen zur Verhinderung des Massakers getroffen, weswegen auch ihre Entlassung zu empfehlen ist.

Zunächst weigerte sich Scharon, seinen Rücktritt einzureichen. Als jedoch der innenpolitische Druck immer größer wurde, setzte Begin seine Entlassung durch, wobei Scharon als Minister ohne Geschäftsbereich im Kabinett verblieb.

Mit dieser Untersuchung hatte Israel bewiesen, dass eine Demokratie in der Lage ist, auch die eigene Rolle in einem Verbrechen kritisch aufzuarbeiten, allerdings hatte das keine größeren Auswirkungen auf die öffentliche Wahrnehmung: Bereits am 16. Dezember 1982 hatte die Generalversammlung der Vereinten Nationen in einer umstrittenen Resolution das Massaker von Sabra und Schatila als Völkermord gebrandmarkt, ohne dabei die Namen der Schuldigen zu nennen.

Im Libanon dagegen hatte das Massaker keine Konsequenzen: Der verantwortliche Milizenführer Elie Hubeika wurde nach dem Bürgerkrieg Minister verschiedener Ressorts in mehreren libanesischen Regierungen, bevor er 2002 einem Mordanschlag zum Opfer fiel. Ein Versuch, ihn gerichtlich zu belangen, wurde nie unternommen.

Bis 1985 zog sich Israel aus dem Libanon zurück, hielt aber noch einen Grenzstreifen im Süden besetzt. Nachdem Begin mit seiner Libanonpolitik auch viele *Likud*-Anhänger abgeschreckt und bezüglich seines Verteidigungsministers Scharon erhebliche Führungsschwäche gezeigt hatte, begann seine Popularität zu sinken. Zugleich machten ihm schwere gesundheitliche Probleme zu schaffen, so dass sein Rücktritt am 10. Oktober 1983 nicht überraschend kam. An seiner Stelle sollte nun der vorherige Außenminister Jitzchak Schamir die Amtsgeschäfte führen.

Jitzchak Schamir hatte eine ähnliche Sozialisation in der Vergangenheit durchgemacht wie Menachem Begin. Er war 1915 im heute weißrussischen Ruschany als Izchak Jeziernicky geboren worden, hatte in Białystok und Warschau seine Erziehung erhalten und sich bereits in der revisionistischen Jugendorganisation *Betar* engagiert. 1935 wanderte er nach Palästina aus, wo er den Namen Schamir annahm und sich dem *Etzel* anschloss.

Als sich 1940 die *Lechi* vom *Etzel* abspaltete, wurde Schamir Mitglied dieser neuen Gruppe, 1943 wurde er einer ihrer Anführer. Er geriet immer wieder in Konflikt mit der britischen Mandatsmacht, auf die seine Gruppe Anschläge verübte, wurde mehrfach verhaftet und schließlich in ein britisches Gefangenenlager nach Eritrea deportiert. Erst nach der Gründung des Staates Israel konnte er zurückkehren. Er war für die Ermordung des UN-Gesandten im Nahen Osten, Graf Folke Bernadotte, am 17. September 1948 durch die *Lechi* mitverantwortlich.

Von 1955 bis 1965 arbeitete er für den israelischen Auslandsgeheimdienst *Mossad*. 1969 trat er Begins *Cherut* bei und wurde 1973 zum ersten Mal in die Knesset gewählt, deren Präsident er 1977 wurde. 1980 wurde er von Begin als Nachfolger Mosche Dajans zum Außenminister ernannt. Obwohl er sich bei der Abstimmung über das Camp-David-Abkommen und den Friedensvertrag mit Ägypten der Stimme enthalten hatte, führte er als Außenminister die Normalisierung des Verhältnisses zu Ägypten fort. Als die israelische Regierung sich während des Libanon-Krieges darum bemühte, ein ähnliches Abkommen mit dem nördlichen Nachbarn zu erreichen, leitete Schamir die Verhandlungen, die aber an der Ermordung Gemayels scheiterten.

Die Wahlen von 1984 und ihre Folgen

23.7.1984	Wahlen zur Elften Knesset
13.9.1984	Bildung der *Regierung der Nationalen Einheit* unter Peres
20.10.1986	Schamir übernimmt das Amt des Ministerpräsidenten

Durch den innenpolitisch umstrittenen Libanon-Krieg und die desaströse wirtschaftliche Lage, die noch durch die Kosten des Militäreinsatzes verschärft wurde, wuchs in der Bevölkerung die Unzufriedenheit mit der politischen Situation, wobei die oppositionelle Arbeiterpartei nicht dazu in der Lage war, daraus in einem entscheidenden Maß Kapital zu schlagen. Die Wahlen vom 23. Juli 1984 führten zu einer Pattsituation zwischen den großen Parteien. Zwar konnte die IAP unter Schimon Peres mehr Mandate (44) als der *Likud* (41) erringen, allerdings erwies sich eine Regierungsbildung mit kleineren Parteien als unmöglich, da diese sich mit ihren sehr unterschiedlichen Interessen und Ausrichtungen, die vom linken Spektrum über liberale Gruppierungen bis hin zu religiösen Parteien reichten, nicht auf eine gemeinsame Basis verständigen konnten. So kam es nach zähen Verhandlungen zu einer großen Koalition, einer Regierung der Nationalen Einheit. Da auch der *Likud* nicht dazu bereit war, lediglich als Juniorpartner in dieser Regierung zu sitzen, einigte man sich darauf, dass Peres bis zur Mitte der Legislaturperiode das Amt des Ministerpräsidenten übernahm, um dann für die restliche Zeit von Schamir abgelöst zu werden.

Obwohl die *Regierung der Nationalen Einheit* bereits mit den beiden großen Partnern *Likud* und IAP über 85 Stimmen verfügte, einigte man sich darauf, weitere religiöse und säkulare Gruppierungen aufzunehmen, um ein noch breiteres Meinungsspektrum abzudecken, so dass die Regierung schließlich von 97 Abgeordneten unterstützt wurde. Gleichzeitig wurde damit die Möglichkeit aus der Hand gegeben, zum ersten Mal eine Regierung ohne die Beteiligung religiöser Parteien zu bilden, die es erlaubt hätte, deren Einfluss, der sich nach 1967 radikalisiert und nach 1977 verstärkt hatte, zurückzudrängen, um somit den Forderungen der säkularen Mehrheit innerhalb des Staates nachzukommen, die immer noch vorhandenen religiösen Elemente, wie beispielsweise das Fehlen einer Zivilehe, in einem laizistischen Sinn umzubilden.

Wichtigstes Ziel der Regierung der Nationalen Einheit war es, den Abzug aus dem Libanon zu bewerkstelligen, wobei die Frage war, welchen Eindruck ein einseitiger Abzug auf die arabische Welt machen würde. Während das Militär eine solche Maßnahme befürwortete, um die bereits erlittenen Verluste nicht noch weiter in die Höhe zu treiben, war man im *Likud* nicht unbedingt von der Notwendigkeit eines solchen Rückzugs überzeugt. Letztendlich konnte sich die IAP durchsetzen und den Abzug durchführen. Allerdings handelte es sich nicht um einen vollständigen Rückzug auf israelisches Staatsgebiet, denn ein Grenzstreifen blieb weiterhin als Pufferzone unter israelischer Kontrolle. Die dort stationierten Truppenkontingente waren aber eher gering. Die Hauptlast ruhte auf der *Südlibanesischen Armee*, die jetzt die Aufgabe hatte, Übergriffe vom libanesischen Staatsgebiet aus zu vereiteln. Die weiterhin vorhandene Präsenz Israels im Südlibanon förderte das Erstarken einer neuen schiitischen Miliz, die sich mit Unterstützung des Iran gebildet hatte und nun die vollständige Befreiung des Libanon erreichen wollte: die *Hisbollah*.

Ein weiteres wichtiges Thema der *Regierung der Nationalen Einheit* war die wirtschaftliche Situation des Landes: Auch wenn die verkündeten Sparmaßnahmen durch Interessen der jeweiligen Ministerien zunächst verhindert wurden, führte entsprechender Druck von den USA, die sich seit Jahren finanziell für die Konsolidierung des israelischen Haushalts einsetzten, dazu, dass Mitte des Jahres 1985 tatsächlich ein Sparhaushalt verabschiedet wurde, mit dem es gelang, die Inflation auf ein erträgliches Maß zu reduzieren. Gleichzeitig führte eine Streichung von Subventionen und die Entlassung von ungefähr 10 000 Mitarbeitern des öffentlichen Dienstes jedoch dazu, dass sich der von den Sparmaßnahmen am härtesten betroffene, ärmere orientalisch-jüdische Bevölkerungsteil vom *Likud* abwandte.

Die Erste Intifada

9.12.1987	Beginn der Ersten Intifada
1.11.1988	Wahlen zur Zwölften Knesset
11.6.1990	Ende der *Regierung der Nationalen Einheit*

Am 9. Dezember 1987 begann ein Aufstand in den von Israel besetzten Palästinensergebieten, der fünf Jahre andauern sollte und die Notwendigkeit einer Lösung des Konflikts zwischen Israelis und Palästinensern deutlich machte. Auslöser für den Aufstand war der Zusammenstoß eines israelischen Militärlastwagens mit zwei palästinensischen Autos am 7. 12., bei dem vier Palästinenser starben. Die Ursachen für den Aufstand lagen jedoch tiefer: Zum einen dauerte die israelische Besatzung bereits zwanzig Jahre an, ohne dass sich eine Lösung der Situation abzeichnete. Zum anderen hatte auch der Friedensschluss mit Ägypten nicht zu den erhofften Fortschritten geführt, da die im Camp-David-Abkommen angestrebte Autonomielösung für die palästinensischen Gebiete, die auch zu einem Rückzug der Israelis geführt hätte, niemals umgesetzt worden war.

Zugleich erwies sich die Situation der Palästinenser in den besetzten Gebieten als nicht sonderlich vorteilhaft. Zwar hatte Israel seit 1967 einige Maßnahmen zur Verbesserung der Infrastruktur und der Lebensbedingungen unternommen, es waren Straßen gebaut, die gesundheitliche Versorgung verbessert und die Gründung von Schulen und Universitäten gestattet worden, trotzdem litt die Bevölkerung unter einer hohen Arbeitslosigkeit und einem Lebensstandard, der deutlich unter dem Israels lag. Dazu kam noch die besondere demographische Situation: ein sehr hoher

Prozentsatz der Bevölkerung waren Jugendliche, die nichts anderes als die israelische Besatzung kannten und unter der politischen und wirtschaftlichen Perspektivlosigkeit litten.

Die Beweggründe der Intifada waren der israelischen Führung zunächst noch unklar, man ging anfangs davon aus, dass es sich um eine von der PLO gesteuerte Aktion handelte, man sah nicht den spontanen Charakter der Aufstände und Aktionen zivilen Ungehorsams.

Auch die PLO war vom Ausbruch der Intifada überrascht und benötigte einige Zeit, um sich an ihre Spitze zu stellen: Im Februar 1988 wurde eine *Vereinigte Nationale Führung der Intifada* gebildet, die aus der *Fatah*, Kommunisten, der *Volksfront zur Befreiung Palästinas* und der *Demokratischen Volksfront zur Befreiung Palästinas* bestand, wobei die beiden ersten Parteien eher eine pragmatische Führung des Aufstands anstrebten, während die beiden Volksfronten einen radikalen Krieg des Volkes gegen die Besatzung forderten. Die Aufrufe der *Vereinigten Nationalen Führung* zu Aktionen wie Streik, Boykott israelischer Waren und Verweigerung der Steuerzahlungen fanden unter den Protestierenden Gehör, so dass die PLO ihren Führungsanspruch, wenn auch mit etwas Verzögerung, durchsetzen konnte.

Allerdings gab es auch andere Gruppierungen, die sich zur Führung der Intifada berufen sahen: Innerhalb der palästinensischen Widerstandsorganisationen kam es zur Gründung religiöser Bewegungen. Diese neuen Bewegungen hatten ihre Wurzeln in der ägyptischen Muslimbruderschaft, die seit 1928 versuchte, die arabische Welt zu islamisieren. Die Muslimbrüder hatten zwischen 1948 und 1967 im Gazastreifen, der zu jener Zeit unter ägyptischer

Kontrolle stand, Fuß fassen können. Dabei waren sie selten militant geworden, sie wirkten eher auf die muslimische Bevölkerung ein. So waren die Muslimbrüder auch nicht im Widerstand gegen die israelische Besatzung aktiv gewesen. Erst mit der Islamischen Revolution im Iran 1979 änderte sich ihre Zielsetzung. Obwohl sie der sunnitischen Richtung des Islam angehörten, sahen sie in der schiitischen Bewegung des Iran ein Vorbild für die Aufnahme des Kampfs gegen Israel. Zu Beginn der 1980er Jahre hatten sich die radikalen Kräfte in der Organisation *Islamischer Dschihad* zusammengefunden, die vereinzelt Anschläge gegen Israelis unternahm.

Andere Muslimbrüder setzten unter der Führung von Ahmad Jassin nicht auf schnelle Aktionen, sondern gingen ›behutsamer‹ vor, indem sie einerseits propagandistisch in der Bevölkerung wirkten, andererseits sukzessive eine schlagkräftige Organisation aufbauten. Zu Beginn des Jahres 1988 tauchte unter Jassins Führung eine neue Organisation auf, die für sich in Anspruch nahm, die Intifada in eine neue Richtung zu führen: die *Hamas*. Im Gegensatz zur PLO, die zu dieser Zeit vor allem auf zivilen Ungehorsam und nur eingeschränkt auf Gewalt setzte, rief die *Hamas* zu einem radikaleren Vorgehen auf: Sie setzte auf Anschläge gegen Israelis, egal ob es sich um Soldaten oder um Zivilisten handelte. Damit forderte sie nicht nur Israel heraus, dessen Gegenmaßnahmen sich als wirkungslos erwiesen, sondern stellte auch den Führungsanspruch der PLO in Frage.

Die Israelis versuchten, den Aufstand mit Waffengewalt niederzuschlagen. Dabei stellte sich heraus, dass die Armee, die im Kampf mit den arabischen Nachbarn geschult war, den Demonstrierenden eher ratlos gegenüberstand. Diese Ratlosigkeit schlug sich in übertriebener Gewalt nieder. Sie führte nicht nur im Ausland zu Protesten, sondern auch in Israel formierten sich Gruppierungen, die bereits gegen den Libanon-Krieg protestiert hatten, erneut und forderten ein Ende der Besatzung.

Unter dem Eindruck der Intifada fanden am 1. November 1988 Wahlen zur Knesset statt. Beiden großen Parteien gelang es nicht, sich voneinander abzusetzen: Während der *Likud* lediglich einen Sitz verlor und nun 40 Abgeordnete stellte, waren die Verluste der IAP erheblicher, sie verlor fünf Sitze und war mit 39 Mandaten nur noch zweitstärkste Fraktion. Schamir sah sich genötigt, die *Regierung der Nationalen Einheit* fortzusetzen, wobei einige religiöse Parteien mit in die Koalition aufgenommen wurden und es keine Rotation des Ministerpräsidenten mehr geben sollte.

Dieser Regierung war keine lange Dauer beschieden: Im März 1990 sprach die IAP im Parlament zusammen mit anderen Parteien der Regierung ihr Misstrauen aus. Schimon Peres gelang es allerdings nicht, eine Regierung unter seiner Führung zu bilden, so dass Jitzchak Schamir am 11. Juni 1990 aus dem *Likud*, mehreren religiösen Parteien und Gruppierungen des rechten Lagers eine Regierung bilden konnte.

Demographische Veränderungen: die Russen

1990–1994 Russische Masseneinwanderung nach Israel

Mit dem Ende der Sowjetunion endeten auch die Beschränkungen der Reisefreiheit für deren Bürger, so dass sich viele russische Juden, die zuvor von der Regierung der UdSSR mit Misstrauen beäugt wurden und unter dem anhaltenden Antisemitismus der Bevölkerung litten, zur Ausreise entschlossen. Dabei war Israel nicht unbedingt das Land ihrer ersten Wahl, viele hofften, vor allem in Deutschland und den Vereinigten Staaten eine sicherere Existenz führen zu können. Die Einwanderung von rund 750 000 Russen zwischen 1990 und 1994 bedeutete für Israel dennoch eine erhebliche Verschiebung des demographischen Gefüges.

Zwar waren viele dieser Einwanderer gut ausgebildet und dazu bereit, sich in das Leben der Israelis einzugliedern, allerdings gab es auch einen sehr hohen Anteil an Menschen, deren Lebensalter zu weit fortgeschritten war, als dass sie sich beruflich oder sozial wirklich hätten integrieren können. Es entstand an vielen Orten eine Parallelgesellschaft, in der Russisch gesprochen und geschrieben wurde, die russische Zeitungen las und russische Fernseh- und Radioprogramme konsumierte. Eine Kenntnis dessen, was eigentlich eine jüdische Identität ausmacht, war in ihr aufgrund der Unterdrückung jüdischer Kultur und Religion in der UdSSR kaum vorhanden.

Gleichzeitig verweigerte das Oberrabbinat, das als höchste religiöse Instanz im Lande agiert, ungefähr einem Drittel dieser Einwanderer die Anerkennung als Juden. Ihre jüdische Abstammung nachzuweisen war insofern schwierig, als man in der UdSSR zwar einen entsprechenden Vermerk in den Ausweisdokumenten erhalten hatte, dieser Vermerk jedoch mit dem Verdacht des mangelnden Patriotismus behaftet war und in der Regel zu Repressionen führte. Daher hatten sich viele Juden in den 1970er und 80er Jahren darum bemüht, diesen Eintrag nicht mehr zu erhalten.

Dazu kam ein bestimmter Prozentsatz an Nichtjuden,

die sich die unüberschaubaren Verhältnisse in der UdSSR am Ende ihres Bestehens und in der Nachfolgezeit zunutze machten, um sich Nachweise einer jüdischen Abstammung zu beschaffen, damit sie nach Israel einwandern konnten, wo sie bessere Lebensverhältnisse anzutreffen hofften. Im Zuge der Einwanderung konnten sich außerdem russische Mafiastrukturen in Israel etablieren, deren Zerschlagung dem Staat bis heute nicht gelungen ist.

Auch die Parteienlandschaft veränderte sich: Da Israel schon die ethnische Ausrichtung von Parteien gekannt hatte, konnten sich jetzt neben Vertretern der arabischen Minderheit oder der orientalischen Juden Vertreterorganisationen der russischen Einwanderer aufbauen. Sie konnten auf Anhieb ein so hohes Wählerpotential mobilisieren, dass sie schnell in der Knesset vertreten waren. Dabei erweisen sich die russischen Parteien hinsichtlich des Konflikts mit den Palästinensern und den arabischen Staaten als besonders radikal; sie verfechten eine Politik der Härte gegen die Gegner Israels und vergrößern somit das Lager der Gegner von Zugeständnissen gegenüber den Arabern innerhalb der Knesset.

Diese harte Haltung der russischen Einwanderer gegenüber arabischen Positionen basiert nicht auf religiösen Grundlagen, vielmehr dürfte es sich um eine Abneigung gegen den Islam handeln, die sich bereits in der Sowjetunion herausgebildet und besonders durch den Konflikt Russlands mit muslimischen Bevölkerungsgruppen im Kaukasus in den 1990er Jahren des 20. Jahrhunderts verstärkt hatte. Dazu könnte noch das Bedürfnis hinzukommen, sich als Neuankömmlinge besonders für die Sicherheit Israels einzusetzen.

Der Zweite Golfkrieg und seine Folgen für Israel

2.8.1990 – 28.2.1991	Zweiter Golfkrieg
30.10.1991	Beginn der Konferenz von Madrid

Am 2. August 1990 marschierten irakische Truppen in Kuweit ein und annektierten das Land, auf das der Irak bereits seit Jahrzehnten Anspruch erhoben hatte. Dieser Angriff hatte weitreichende Auswirkungen auf die Lage im Nahen Osten: Mit Unterstützung der Vereinten Nationen wurde unter US-amerikanischer Führung eine Koalitionsstreitmacht gebildet, die die Rückeroberung Kuweits durchführen sollte. Dabei waren die arabischen Staaten in ihrer Beurteilung der Situation gespalten: Während die Mehrheit das Vorgehen der Alliierten unterstützte, um nicht selber Zielscheibe irakischer Interessen zu werden oder weil man den Versuch des Irak, als Hegemonialmacht in der arabischen Welt aufzutreten, aufgrund eigener Ambitionen verurteilte, gab es einige arabische Staaten und Machthaber, die sich mit dem Irak solidarisierten. Dazu gehörte auch Jassir Arafat, dessen Besuch beim irakischen Staatspräsidenten Saddam Hussein in der ganzen westlichen Welt mit Befremden aufgenommen wurde, während sich Israel in seiner Einschätzung ihm gegenüber bestätigt fühlte. Nach dem Golfkrieg sollte sich Arafats Unterstützung Saddam Husseins auch in Kuweit rächen. Während sich dort vor dem Krieg tausende palästinensische Gastarbeiter aufgehalten und durch ihren Verdienst ihre Verwandten in den besetzten Gebieten ernährt oder zumindest unterstützt hatten, wurden sie nun zu unerwünschten Personen und nach Hause geschickt, was eine deutliche Verschlechterung

der ökonomischen Situation der Palästinenser zur Folge hatte.

Der Irak bemühte sich darum, den Konflikt um Kuweit in einen gesamt-nahöstlichen Kontext zu bringen, indem er anbot, sich aus Kuweit wieder zurückzuziehen, wenn sich Syrien aus dem Libanon und Israel aus den besetzten Gebieten zurückzögen. Diese Form der Verknüpfung von Interessen wurde von den Alliierten abgelehnt. Sie eroberten in einem Luft- und Bodenkrieg Kuweit zurück.

Noch bevor der Irak wieder aus Kuweit abziehen musste, versuchte er ein letztes Mal, die arabische Welt auf seine Seite zu bringen, indem er Israel mit Raketen beschoss, wobei die Israelis anfangs befürchteten, dass diese Raketen mit Giftgasgranaten bestückt seien. Die israelischen Verluste waren zwar vergleichsweise gering, zugleich zeigten die Angriffe jedoch die Verwundbarkeit des Landes durch Raketenbeschuss auf. Außerdem nahm ein Teil der Palästinenser die Angriffe auf Israel mit unverhohlener Genugtuung auf und solidarisierte sich wie Arafat mit Saddam Hussein.

Für die USA bewies der Zweite Golfkrieg, dass eine Lösung des Nahostkonflikts auf dem Verhandlungsweg nun dringend geboten war, zumal sie ihre arabischen Verbündeten im Golfkrieg dazu bringen konnten, sich zu direkten Gesprächen mit Israel bereit zu erklären.

Dazu wurde am 30. Oktober 1991 eine Konferenz unter der Leitung der USA und der UdSSR (später Russlands) in Madrid einberufen. Allerdings waren die Verhandlungen zunächst nicht sonderlich erfolgreich, da zum einen das Gesprächsklima zwischen Israel und den teilnehmenden arabischen Staaten (Syrien, Libanon, Jordanien) nicht von dem Bemühen um Verständigung geprägt war und zum anderen die israelische Seite durchgesetzt hatte, dass die PLO nicht an der Konferenz teilnehmen durfte, so dass die Palästinenser nicht von ihrer eigenen Vertretung repräsentiert wurden, sondern mit Jordanien eine gemeinsame Delegation stellen mussten. Die dreitägige Konferenz wurde mit Folgetreffen in verschiedenen Städten zwischen 1992 und 1994 fortgesetzt, ohne dass eine Gesamtlösung des Nahostkonflikts erreicht werden konnte. Allerdings sollten diese Gespräche die Grundlage sowohl für den Friedensvertrag mit Jordanien 1994 als auch für die Abkommen mit den Palästinensern bilden.

Auf dem Weg zum Frieden? (1992–2009)

Epochenüberblick

Mit der erneuten Regierungsübernahme der IAP unter Jitzchak Rabin wurden auch die Beziehungen zu den Palästinensern einer grundsätzlichen Revision unterzogen: Der in Madrid begonnene Prozess wurde bilateral mit der PLO fortgesetzt und mündete in das Oslo-Abkommen, das zum ersten Mal eine autonome Regelung für die besetzten Gebiete durchsetzte.

Allerdings war das Oslo-Abkommen nicht der Endpunkt der Bemühungen, sondern der Beginn eines langen und qualvollen Weges zu einem endgültigen Friedensschluss zwischen Israelis und Palästinensern, der bis heute nicht erreicht wurde. Immer wieder versuchten radikale Gruppierungen auf beiden Seiten, den Friedensprozess gewaltsam zu beenden, und die uneindeutige Haltung, die der Präsident der Palästinensischen Autonomiebehörde, Jassir Arafat, bezüglich der Bekämpfung radikalislamischer Gruppierungen an den Tag legte, führte zu keinem großen Vertrauen auf israelischer Seite.

Nach der Ermordung Jitzchak Rabins durch einen israelischen Extremisten konnte sein Nachfolger Schimon Peres bei den nächsten Wahlen kein erneutes Mandat für den Friedensprozess erhalten. Benjamin Netanjahu vom *Likud* bemühte sich dann, den begonnenen Prozess zu verlangsamen, musste jedoch Zugeständnisse an die Palästinenser machen. Er wurde von Ehud Barak abgelöst, der wiederum die IAP an die Macht brachte, sich allerdings mit seinem Versuch, eine Art Gesamtabkommen zu erzwingen, nicht durchsetzen konnte.

Der einseitige Abzug aus dem Gazastreifen unter der Regierung Scharons verbesserte die Situation nicht, so dass sich Israel am Anfang des zweiten Jahrzehnts des 21. Jahrhunderts weiterhin im Konflikt sowohl mit den Palästinensern als auch mit der *Hisbollah* im Libanon befindet.

Das Oslo-Abkommen

23.6.1992	Wahlen zur Dreizehnten Knesset
13.7.1992	Jitzchak Rabin wird Ministerpräsident
13.9.1993	Prinzipienerklärung über eine vorübergehende Selbstverwaltung
4.5.1994	Gaza-Jericho-Abkommen
26.10.1994	Frieden zwischen Israel und Jordanien

Das Andauern der Intifada in den besetzten Gebieten – wenn auch in abgeschwächter Form – und die Unfähigkeit der *Likud*-Regierung, sie zu beenden, führte bei den Wahlen am 23. Juni 1992 zu einem Machtwechsel in Israel. Der bislang führende *Likud* verlor seine Vormachtstellung: Anstatt 40 Abgeordneter stellte er nur noch 32, während die IAP leicht zulegte und sich von 39 auf 44 Mandate steigerte. Zugleich gestaltete sich die Regierungsbildung nicht ohne Schwierigkeiten, da das linke Lager, bestehend aus IAP und *Meretz*, die zusammen nur auf 56 Stimmen kamen, über keine absolute Mehrheit verfügte. Trotzdem gelang es Jitzchak Rabin, eine Regierung zu bilden, die in erster Linie aus den beiden genannten Parteien bestand, und zum zweiten Mal zum Ministerpräsidenten gewählt zu werden. Um sich die notwendige Stimmenmehrheit in der Knesset zu sichern, war es allerdings nötig, einen weiteren Partner zu finden. Deswegen entschloss sich Rabin zu einer Beteiligung der sephardisch-religiösen *Schass*-Partei, die zwar in der Vergangenheit mit den vom *Likud* dominierten Regierungen zusammengearbeitet hatte, sich aber unter der Bedingung, dass ihre Wählerklientel befriedigt werden würde, politisch flexibel zeigte. Gleichzeitig führte die Beteiligung der *Schass* zu einer Spannung zwischen IAP und *Meretz*, da *Meretz* – ein Zusammenschluss linker und liberaler Gruppierungen – eigentlich eine Regierung ohne Beteiligung religiöser Parteien bilden wollte, um Reformen durchzusetzen, die zu einer stärkeren Säkularisierung des Staates beitragen sollten.

Einen Schwerpunkt legte die neue Regierung auf Fortschritte im Friedensprozess zwischen Israel und den Palästinensern. Kontaktaufnahmen zur PLO führten schließlich zu Verhandlungen in der norwegischen Hauptstadt Oslo. Ergebnis dieser Verhandlungen war, dass am 13. September 1993 in Washington die Prinzipienerklärung über eine vorübergehende Selbstverwaltung unterschrieben wurde, die auch als Oslo-I-Abkommen bekannt ist und am 4. Mai 1994 durch das in Kairo unterzeichnete Gaza-Jericho-Abkommen präzisiert wurde.

Wichtig und für alle folgenden Schritte grundlegend war, dass die PLO Israels Existenzrecht anerkannte und Israel im Gegenzug die PLO als Vertretung der Palästinenser akzeptierte. Die besetzten Palästinensergebiete sollten unter autonome Verwaltung gestellt werden. Längerfristig wurde von palästinensischer Seite an eine Unabhängigkeit gedacht, während sich die Israelis diesbezüglich nicht festlegen wollten. Dieser Punkt sollte in den kommenden Jahren immer wieder zu Spannungen zwischen beiden Vertragspartnern führen, da die Idee einer palästinensischen

Autonomie, wie sie bereits im Friedensvertrag mit Ägypten niedergeschrieben war, auf israelischer Seite die Angst schürte, dass ein palästinensischer Staat zum Aufmarschgebiet arabischer Truppen gegen Israel werden könnte.

Wie der Name schon sagt, wurde das Abkommen zunächst in Gaza und dem Gebiet von Jericho umgesetzt, wo die *Palästinensische Autonomiebehörde* unter der Leitung des PLO-Vorsitzenden Jassir Arafat eingerichtet wurde.

Kurze Zeit später waren die Verhandlungen jedoch schon wieder in eine Sackgasse geraten. Attentate palästinensischer Extremisten und israelische Gegenschläge sorgten für ein Klima des Misstrauens, das eine weitere Umsetzung des Oslo-Abkommens verhinderte. Zwar waren zusätzliche Gebiete an die Palästinenser gegangen, doch äußerten diese den Verdacht, dass ihr Land auf einen Flickenteppich beschränkt werden soll, um von den Israelis besser beherrscht werden zu können. Die Israelis dagegen befürchteten, dass Arafats Bekenntnis zur Gewaltlosigkeit nur ein Lippenbekenntnis sei und dass er den antiisraelischen Terror fördere.

Einen positiven Effekt hatte der Friedensprozess im Verhältnis Israels zu Jordanien: Am 26. Oktober 1994 konnte zwischen beiden Staaten ein Friedensvertrag unterzeichnet werden.

Unsicherheiten im Inneren und im Äußeren

24.9.1995	Interimsabkommen über das Westjordanland und den Gazastreifen
4.11.1995	Ermordung Jitzchak Rabins
11.4.1996	Beginn der Operation »Früchte des Zorns«

Auch innerhalb Israels wuchsen die Spannungen zwischen Befürwortern und Gegnern des Friedensprozesses. Im September 1993 hatte die *Schass*-Partei die Regierung verlassen, so dass diese die absolute Mehrheit verlor und Rabin auf die Stimmen der Abgeordneten der arabischen Parteien angewiesen war, um seine Politik durchsetzen zu können. Das bedeutete eine empfindliche Schwächung der Regierung, da Zugeständnisse im Friedensprozess, die nicht auf einer »jüdischen Mehrheit«, also auf der Majorität der Stimmen der zionistischen Parteien basierten, auch in der Bevölkerung eher auf Ablehnung stießen.

Trotzdem konnte am 24. September 1995 in Taba auf der Sinai-Halbinsel das Interimsabkommen über das Westjordanland und den Gazastreifen, das auch »Oslo II« genannt wird, unterzeichnet werden: Die Westbank wurde in drei Zonen eingeteilt: Zone A sollte vollständig von der palästinensischen Autonomiebehörde verwaltet, Zone B von Palästinensern und Israelis gemeinsam und Zone C zunächst vollständig von Israel kontrolliert werden. Im Lauf der folgenden Jahre sollte weiteres Gebiet an die Palästinenser gehen und innerhalb von fünf Jahren dann ein endgültiges Abkommen, das alle fraglichen Punkte (Sicherheit, Wasser, Flüchtlinge, Siedlungen, Jerusalem) löst, unterzeichnet werden.

Um die Bedeutung dieses Abkommens zu betonen, wurde es noch einmal am 28. September 1995 in Washington im Beisein des US-amerikanischen Präsidenten Bill Clinton unterzeichnet. Damit sollte dokumentiert werden, dass dieses Abkommen international anerkannt war, weswegen die USA, Russland, Norwegen, die Europäische Union, Ägypten und Jordanien als Zeugen hinzugezogen wurden. Zugleich sollte diese Zeremonie den endgültigen Durchbruch in den Verhandlungen zwischen Israel und den Palästinensern dokumentieren, eine Annahme, die sich in der Folgezeit als falsch herausstellte.

Zugleich wurde der *Palästinensische Rat* als gesetzgebende Körperschaft von den Israelis als Gesprächspartner anerkannt und eine Kooperation zwischen ihm und den israelischen Behörden vereinbart.

In seiner Präambel wurde das Oslo-II-Abkommen in eine Reihe mit den UN-Sicherheitsratsresolutionen 242 von 1967 und 338 von 1973 sowie der Madrider Konferenz und den vorherigen israelisch-palästinensischen Abkommen gestellt. Damit wurde eine Linie von der Eroberung der besetzten Gebiete bis zur Überantwortung an die Palästinenser gezogen.

Am 4. November 1995 wurde Jitzchak Rabin von einem jüdischen Extremisten, Jigal Amir, ermordet. Dem Mord vorausgegangen war eine Reihe von polemischen und hetzerischen Äußerungen ultra-orthodoxer Rabbiner, die Rabin bezichtigt hatten, er sei bereit, jüdisches Land in nichtjüdische Hände zu geben, und damit ein Verräter am jüdischen Volk und am Staate Israel. Dieser Vorwurf wurde auch von rechten Parteien aufgegriffen: So warf der Oppositionsführer Benjamin Netanjahu vom *Likud* Rabin vor, er verlasse mit seiner Politik die jüdischen Traditionen. Obwohl Teile dieser Äußerungen als reine Rhetorik gedacht waren, um Wählerstimmen zu gewinnen, schaukelte sich die Situation immer höher auf, bis sich schließlich Gruppen religiöser Fanatiker bildeten, die sich verpflichtet sahen, das Judentum von der angeblichen Gefahr Rabin zu befreien. In solchen Kreisen hielt sich auch Jigal Amir auf und wurde von Rabbinern in seinem Vorhaben bestärkt. Allerdings sind bis heute nicht alle Einzelheiten und Hintergründe seiner Tat geklärt.

Nachfolger Rabins wurde der bisherige Außenminister Schimon Peres. Er sah sich mit denselben Problemen wie sein Vorgänger konfrontiert: Die Verhandlungen mit den Palästinensern steckten in einer Sackgasse, Selbstmordanschläge islamischer Terroristen in israelischen Städten häuften sich, dazu kam, dass auch der Südlibanon wieder in den Fokus der Öffentlichkeit geriet: Immer häufiger gerieten nordisraelische Ortschaften unter Raketenbeschuss der *Hisbollah*, so dass sich Peres am 11. April 1996 zu einer militärischen Intervention im Libanon entschloss. Ziel der Operation »Früchte des Zorns« war es, die Hisbollah durch massive Luftangriffe militärisch und politisch so zu schwächen, dass weitere Provokationen an der israelisch-libanesischen Grenze ausbleiben würden. Die Operation entwickelte sich zu einem politischen Desaster, als beim Beschuss der UN-Basis in Qana 102 Flüchtlinge getötet wurden. Israel stand jetzt außenpolitisch isoliert da und hatte Mühe, sein Vorgehen befreundeten Staaten begreiflich zu machen. Mit Hilfe der USA wurde am 27. April ein Waffenstillstand vereinbart, der letztlich nur den vorherigen Zustand wieder-

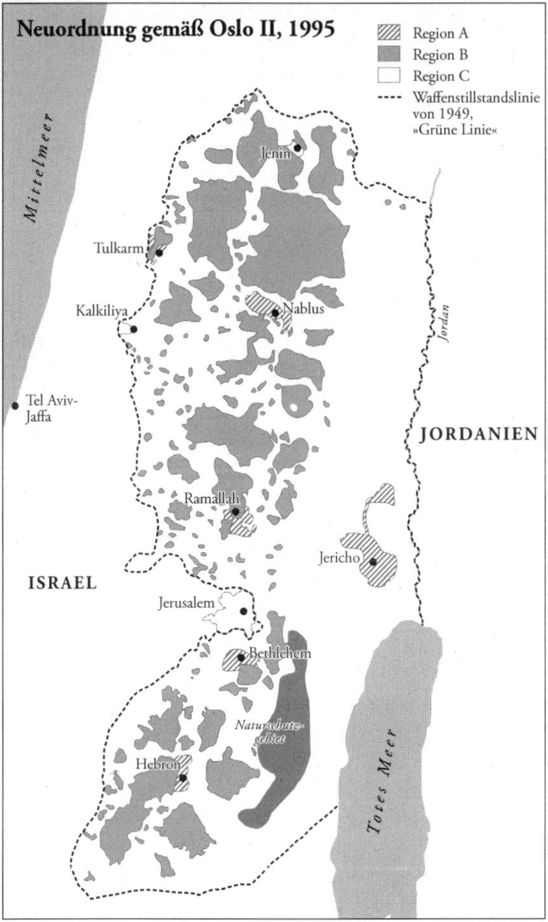

Neuordnung gemäß Oslo II, 1995
Region A
Region B
Region C
Waffenstillstandslinie von 1949, »Grüne Linie«
Mittelmeer
Jenin
Tulkarm
Kalkiliya
Nablus
Jordan
Tel Aviv-Jaffa
JORDANIEN
Ramallah
Jericho
ISRAEL
Jerusalem
Bethlehem
Naturschutz-gebiet
Hebron
Totes Meer

herstellte. Damit war auch das Vorhaben der Regierung Peres gescheitert, durch ein hartes Vorgehen weitere mögliche Zugeständnisse in der Palästinenserfrage zu erleichtern.

Israel unter Benjamin Netanjahu

29.5.1996	Wahlen zur Vierzehnten Knesset
17.1.1997	Unterzeichnung des Hebron-Protokolls
23.10.1998	Wye-Abkommen

Bei den Wahlen am 29. Mai 1996 zeigten sich die Auswirkungen der Operation »Früchte des Zorns« auf die israelische Bevölkerung: Während viele arabische Wähler wegen des Angriffs der IAP ihre Unterstützung versagten, konnte Peres mit dem Versuch, ein Image des starken Mannes aufzubauen, nicht bei der jüdischen Bevölkerung punkten. Das linke Lager, das aus der IAP, *Meretz* und dem *Dritten Weg*, einer Abspaltung von der IAP, bestand, konnte insgesamt nur 47 Mandate gewinnen, dem *Likud* unter Benjamin Netanjahu gelang es erneut, 32 Sitze zu erringen, was aber angesichts der Tatsache, dass das rechte Lager in der vorherigen Legislaturperiode 43 Abgeordnete gestellt hatte und der *Likud* von seinem Zusammengehen mit der rechtsnationalistischen *Tzomet* nicht profitieren konnte (beide Parteien hatten zusammen 40 Mandate gehabt), eher einer Niederlage gleichkam. Eigentliche Gewinner der Wahlen waren die religiösen Parteien, die die Zahl ihrer Abgeordneten von 16 auf 23 steigern konnten. Dazu kam noch, dass mit *Israel ba'Alijah* eine Partei der russischen Neueinwanderer auf Anhieb sieben Mandate gewann.

Zugleich wurde bei diesen Wahlen zum ersten Mal der Ministerpräsident direkt vom Volk bestimmt, ein Beschluss, der von der Regierung Rabin durchgesetzt worden war, um die Stellung des Ministerpräsidenten gegenüber den vielen in der Knesset vertretenen Parteien zu stärken. Jetzt zeigte sich, dass diese Wahlreform nur die kleineren Parteien begünstigte und eine Regierungsbildung noch schwieriger machte. Sieger der Wahlen zum Ministerpräsidenten wurde Netanjahu, der nun den Auftrag hatte, eine arbeitsfähige Regierung zu bilden. Mit Hilfe der religiösen Parteien sowie der Immigrantenpartei *Israel ba'Alijah* und dem *Dritten Weg*, der einen Ausgleich zur Mitte bewirken sollte, gelang es Netanjahu, sich die Stimmen der Mehrheit der Knesset zu sichern.

Benjamin Netanjahu war 1949 in Tel Aviv zur Welt gekommen, er war also der erste Ministerpräsident, der nach der Gründung des Staates Israel geboren wurde. Als Sohn von Ben-Zion Netanjahu, einem Professor für jüdische Geschichte und Anhänger des Zionistischen Revisionismus, schloss er sich ebenfalls dieser politischen Richtung an, wobei für ihn ein zusätzlicher Ansporn war, dass seine Familie dem sozialistischen Establishment unterstellte, das eigene Fortkommen zu behindern. Zwischen 1956 und 1958 sowie zwischen 1963 und 1967 wuchs Netanjahu in den USA auf. Nach seinem Schulabschluss kehrte er nach Israel zurück, um dort den Wehrdienst abzuleisten, wobei er bis 1972 in der Eliteeinheit *Sajeret Matkal* (einer auf Terrorismusbekämpfung spezialisierten Einheit der Fallschirmjäger) seinen Dienst tat. Danach ging er wieder in die USA, um bis 1977 politische Wissenschaften zu studieren. 1973 unterbrach er sein Studium, um am Jom-Kippur-Krieg teilzunehmen. Von 1982 bis 1984 war er stellvertretender Geschäftsträger an der israelischen Botschaft in Washington und von 1984 bis 1988 israelischer Botschafter bei den Vereinten Nationen. 1988 zog er für den *Likud* in die Knesset ein und wurde stellvertretender Außenminister. Nach der Wahlniederlage seiner Partei bei den Wahlen von 1992 wurde er Oppositionsführer.

Für den Friedensprozess bedeutete dieser Rechtsruck einen Rückschlag, der das weitere Vorgehen erschwerte. Trotzdem wurde am 17. Januar 1997 das Hebron-Protokoll, das den Rückzug der Israelis aus Hebron vorsah, geschlossen. Damit hatte die israelische Regierung unter Benjamin Netanjahu eine Verpflichtung eingelöst, die noch unter Jitzchak Rabin im Rahmen des Oslo-II-Abkommens eingegangen worden war.

Am 23. Oktober 1998 kam es in der Nähe von Washington zur Unterzeichnung des Wye-Abkommens, das eine Erweiterung der palästinensischen Autonomiegebiete vorsah und ein Vorgehen der palästinensischen Seite gegen den Terrorismus der *Hamas* in Aussicht stellte. Dieses Abkommen war vor allem den Bemühungen des US-Präsidenten Bill Clinton zu verdanken, der damit den ins Stocken geratenen Friedensprozess wieder in Gang setzen wollte. Zwar wurde das Abkommen mit großer Mehrheit von der Knesset ratifiziert, allerdings war es in der Regierung umstritten, so dass seine Umsetzung zunächst nur schleppend voranging, um schließlich durch die nachfolgenden Ereignisse gänzlich gestoppt zu werden.

Der Sinn dieser Abkommen wurde durch immer häufigere Gewaltausbrüche zwischen Israelis und Palästinensern zunehmend in Frage gestellt.

Ehud Baraks Fortsetzung des Friedensprozesses

17.5.1999	Wahlen zur Fünfzehnten Knesset
24.5.2000	Rückzug aus dem Südlibanon
11.–25.7.2000	Gespräche in Camp David

Die Wahlen zur Fünfzehnten Knesset am 17. Mai 1999 lieferten dem *Likud* ein niederschmetterndes Ergebnis. Er fiel auf 19 Sitze zurück, während die IAP mit 26 Sitzen zwar ebenfalls Verluste hinnehmen musste, aber erneut die stärkste Partei war. Von den religiösen Parteien konnte speziell die *Schass* zulegen und erlangte nun 17 statt bisher zehn Mandate. Auch für das Lager der Mitte ergaben sich neue Konstellationen: Die 1997 begründete *Schinui*, die sich entschieden säkular gab, erlangte sechs Sitze, ebenso wie die neue *Zentrumspartei*.

Bei den zeitgleich stattfindenden Direktwahlen zum Ministerpräsidenten erhielt der Spitzenkandidat der IAP Ehud Barak 56,1 % der Stimmen, während Netanjahu lediglich auf 43,9 % kam. Damit war Barak mit der Regierungsbildung beauftragt.

Ehud Barak war 1942 im Kibbuz Mischmar Hascharon zur Welt gekommen und 1959 in die israelische Armee eingetreten. Er diente in mehreren Eliteeinheiten und war aktiv am Kampf gegen palästinensische Terroristen und an Vergeltungsschlägen nach Attentaten beteiligt. Von 1991 bis 1995 war er Chef des Generalstabs und mit der Umsetzung der Oslo-Abkommen betraut.

1995 wurde er nach seinem Ausscheiden aus dem militärischen Dienst Innenminister unter Rabin, unter Peres war er Außenminister. Nach dessen Wahlniederlage wurde Barak Vorsitzender der IAP.

Baraks Erfolg bei den Wahlen ging darauf zurück, dass ihm viele Wähler aufgrund seiner militärischen Vergangenheit zutrauten, die verfahrene Situation zwischen Israelis und Palästinensern zu lösen, ohne dabei die sicherheitspolitischen Aspekte zu vernachlässigen. Gleichzeitig stellte der besetzte Südlibanon weiterhin einen Unruheherd dar, der nicht länger vernachlässigt werden konnte.

Es gelang Barak, eine Regierung zu bilden, die aus der IAP, *Meretz*, der *Zentrumspartei*, der russischen Einwandererpartei *Israel ba'Alijah*, mehreren religiösen und nationalistischen Parteien bestand.

Wie im Wahlkampf versprochen, kümmerte sich die Regierung Barak zunächst um den Abzug Israels aus dem Südlibanon, der am 24. Mai 2000 abgeschlossen wurde. Damit war das Problem mit der unsicheren Nordgrenze aber noch nicht gelöst. Obwohl die Vereinten Nationen den vollständigen Abzug bestätigten, behaupteten die *Hisbollah* und Syrien, dass Israel weiterhin ein kleines Stück libanesisches Gebiet besetzt hielte. Dabei handelte es sich um die Schebaa-Farmen, die nach internationaler Lesart zu Syrien gehörten und während des Sechstage-Krieges von Israel besetzt worden waren. Nach syrischen und libanesischen Angaben hätten sich beide Länder bereits 1951 darauf geeinigt, dass dieses Gebiet, auf das der Libanon lange Anspruch erhoben hatte, unter libanesische Verwaltung gestellt werde. Allem Anschein nach diente dieses Beharren auf die Zugehörigkeit der Schebaa-Farmen zum Libanon vor allem als Vorwand für die *Hisbollah*, weiterhin gegen Israel kämpfen zu können, denn schließlich war es ihr erklärtes Ziel, eine vollständige Befreiung des Libanon von israelischen Truppen zu erreichen. Wenn sie zugegeben hätte, dass dieses Ziel erreicht wurde, hätte sich auch ihr eigenes Existenzrecht als bewaffnete Miliz im Libanon in Frage gestellt, was für sie einen großen Machtverlust bedeutet hätte.

Im Konflikt mit den Palästinensern bemühte sich Ehud Barak mit Hilfe des US-Präsidenten Bill Clinton um eine möglichst schnelle Lösung: Barak und Arafat trafen sich zwischen dem 11. und dem 25. Juli 2000 in Camp David. Dort unterzeichneten beide Seiten zunächst eine grundsätzliche Absichtserklärung, die aus fünf Punkten bestand:

1. Die Verhandlungen sollten zu einem dauerhaften Ende des Konflikts führen.
2. Beide Seiten sollten ihre Bemühungen baldmöglichst umsetzen.
3. Beide Seiten verpflichteten sich zur Anerkennung der UN-Sicherheitsratsresolutionen 242 und 338 und zur Gewaltlosigkeit.
4. Beide Seiten verpflichteten sich zu einem Verzicht auf einseitige Maßnahmen.
5. Beide Seiten verpflichteten sich auf die Zusammenarbeit mit den USA.

Barak schlug vor, dass zunächst 27 % der besetzten Westbank an Israel fallen, der palästinensische Anteil nach zehn bis fünfzehn Jahren auf 91 % erhöht werden solle. Die palästinensische Seite lehnte diesen Vorschlag ab. Daraufhin legte Barak ein überarbeitetes Angebot vor: Zehn Prozent der Westbank sollten in israelischer Hand bleiben, die Palästinenser im Gegenzug mit Gebieten im Negev entschädigt werden. Damit wollte Barak erreichen, dass die jüdischen Siedlungen in der Westbank im wesentlichen erhalten blieben, um den Rückzug aus den besetzten Gebieten so schmerzlos wie möglich zu gestalten. Der Gazastreifen sollte in beiden Angeboten zu hundert Prozent an die Palästinenser gehen.

Letztlich scheiterten die Verhandlungen an drei Aspekten, die die Palästinenser daran hinderten, die israelischen Vorschläge anzunehmen:

1. Das den Palästinensern zugeschlagene Gebiet würde durch israelische Siedlungen und israelisch kontrollierte Straßen, die diese Siedlungen miteinander verbanden, zerrissen. Außerdem hätte es für zwanzig Jahre keine Kontrolle über die Wasserressourcen und die Außengrenzen gegeben.
2. Die Frage Jerusalems war nicht zur Zufriedenheit der palästinensischen Seite gelöst, da nicht ganz Ostjerusalem unter arabische Verwaltung kommen sollte.
3. Über die Rückkehr der Flüchtlinge konnte kein Einvernehmen erzielt werden.

Damit waren die Verhandlungen gescheitert, auch Folgetreffen konnten nicht zu einer Einigung führen.

Die Zweite Intifada

28.9.2000	Besuch Scharons auf dem Tempelberg
6.2.2001	Wahl Scharons zum Ministerpräsidenten
28.1.2003	Wahlen zur Sechzehnten Knesset
11.11.2004	Tod Arafats

Der Besuch des israelischen Oppositionsführers Ariel Scharon auf dem Tempelberg am 28. September 2000 war Auslöser der Zweiten Intifada, auch als al-Aqsa-Intifada bezeichnet, die oft als spontanes Ereignis propagiert wird, dem jedoch Aussagen einiger palästinensischer Politiker über eine geplante Aktion widersprechen. Außerdem war der Besuch mit der palästinensischen Autonomiebehörde abgesprochen. Ihr Sicherheitschef hatte sich damit einverstanden erklärt, solange Scharon keine Moschee betreten werde. Über den Provokationscharakter des Besuchs lässt sich folglich streiten, selbst wenn Scharon damit die israelische Souveränität über den Tempelberg herausstellen wollte.

Von den ersten Ausschreitungen in Jerusalem griffen die Proteste auf die palästinensischen Gebiete im Westjordanland und den Gazastreifen über. Die israelische Armee reagierte mit Härte auf die gewaltsamen Ausschreitungen. Es kam zu Schießereien zwischen israelischen und palästinensischen Sicherheitskräften; die Zahl der Selbstmordattentate auf israelische Zivilisten und der israelischen Vergeltungsschläge häuften sich.

Anfang Oktober 2000 kam es auch zu Zusammenstößen zwischen demonstrierenden israelischen Arabern, die sich mit den Palästinensern solidarisierten, und der israelischen Polizei, bei denen mehrere Demonstranten getötet wurden, was die Entfremdung zwischen der jüdischen Mehrheit und der arabischen Minderheit in Israel weiter vertiefte. Da sich die israelische Regierung nicht in der Lage sah, die palästinensischen Unruhen zu beenden und zugleich das Vertrauen der arabischen Israelis wiederherzustellen, trat Ehud Barak vom Amt des Ministerpräsidenten zurück.

Ein Nachfolger konnte von der Knesset nicht gewählt werden, da seit 1999 der Ministerpräsident in einer Direktwahl des Volkes bestimmt wurde. So wurde vereinbart, die Wahl des neuen Ministerpräsidenten am 6. Februar 2001 durchzuführen, ohne dass ein neues Parlament gewählt wurde.

Scharon versprach vor den Wahlen, die Unruhen innerhalb von einhundert Tagen zu beenden, und präsentierte sich als starker Mann, der die Sicherheit Israels wiederherstellen werde – anders als Ehud Barak, der den Eindruck machte, von der Situation überfordert zu sein. Die israelischen Araber boykottierten mehrheitlich die Wahl, was zu einer weiteren Schwächung des verhandlungsbereiten Lagers führte. Auch viele jüdische Israelis gingen nicht zur Wahl, da ein Sieg Scharons sicher schien. Die Wahlbeteiligung betrug lediglich 62,3 %, wobei es Scharon gelang, 62,4 % der abgegebenen Stimmen auf sich zu vereinigen. Da die Wahlen lediglich einen neuen Ministerpräsidenten, aber nicht ein neues Parlament bestimmt hatten, musste sich Scharon mit den dortigen Mehrheitsverhältnissen arrangieren, um eine stabile Regierung bilden zu können. Am 7. März 2001 stellte er sein neues Kabinett vor: Es war ihm gelungen, unter dem Eindruck der unsicheren Lage und der Auseinandersetzungen mit den Palästinensern, eine Regierung der nationalen Einheit zu bilden, der die IAP, der *Likud*, die säkularistische *Zentrumspartei*, die religiösen Parteien *Schass*, *Nationalreligiöse Partei*, *Vereinigtes Torah-Judentum* und die beiden Gruppierungen der russischen Einwanderer angehörten. Damit vertrat die Regierung Scharon ein weites Spektrum. So konnte sie sich bei ihren Entscheidungen darauf berufen, die Probleme im Interesse aller Israelis anzupacken.

Ariel Scharon war 1928 in Kfar Malal geboren worden, bereits 1942 der *Haganah* beigetreten und hatte am Unabhängigkeitskrieg teilgenommen. 1952 und 1953 war er Mitglied einer Kommandoeinheit der israelischen Armee und kämpfte gegen palästinensische Freischärler. Ende des Jahres 1953 wurde er Kommandant einer Fallschirmjägerbrigade. Für ihre Einnahme des Mitlapasses auf der Sinai-Halbinsel unter seinem Kommando während des Suez-Kriegs 1956, die unter schweren israelischen Verlusten erfolgt war, wurde Scharon später immer wieder kritisiert. Im Sechstage-Krieg kommandierte Scharon eine Panzerdivision auf der Sinai-Halbinsel, während des Jom-Kippur-Krieges gelang es ihm, mit einer Panzerdivision den Suez-Kanal zu überqueren und somit die komplette ägyptische Armee von ihren Versorgungslinien abzuschneiden. Nach seiner Entlassung aus der Armee 1974 diente er trotz seiner Nähe zum *Likud* Ministerpräsident Jitzchak Rabin als Berater. Nachdem er sowohl vom *Likud* als auch von der IAP als Spitzenkandidat für die Wahlen von 1977 abgelehnt worden war, zog er mit seiner eigenen Partei *Schlom-Zion* in die Knesset ein, um sich dann dem *Likud* anzuschließen und in der Regierung Begin Landwirtschaftsminister zu werden. Dabei machte er sich als Unterstützer der Siedlungsbewegung einen Namen. Als Verteidigungsminister musste er nach dem Massaker von Sabra und Schatila zurücktreten und konnte erst wieder unter Netanjahu Fuß fassen.

Mit der Wahl Scharons eskalierte die Situation: Der größte Teil der autonomen Gebiete wurde von den Israelis erneut besetzt, Arafat in seinem Hauptquartier isoliert. Die israelischen Sicherheitskräfte gingen mit Härte gegen tatsächliche und mutmaßliche Anführer der Intifada vor, sie griffen dabei auch auf das Mittel der gezielten Tötungen zurück. Gleichzeitig nahmen die palästinensischen Anschläge auf israelische Zivilisten zu.

Nach den Anschlägen des 11. September 2001 konnte sich Scharon darauf verlassen, dass die USA seinen harten Kurs gegenüber den Palästinensern akzeptieren würden. Er setzte seine Politik gegenüber den Palästinensern mit dem amerikanischen Vorgehen gegen den islamistischen Terrorismus gleich, zumal Teile der palästinensischen Bevölkerung mit einer gewissen Genugtuung auf die Anschläge von *al-Qaida* reagiert hatten.

Am 28. Januar 2003 konnte Ariel Scharon die Wahlen zur Sechzehnten Knesset für sich entscheiden: Sein *Likud* kam auf 28 Sitze und konnte den Anteil an Stimmen im Vergleich zu den letzten Wahlen verdoppeln. Zugleich schrumpfte der Anteil der Arbeiterpartei auf 19 Sitze zusammen, während die zentristische *Schinui* sich von sechs auf 15 Mandate steigerte. Auch die *Schass*-Partei musste Verluste verzeichnen, die von den anderen religiösen Gruppierungen nicht aufgefangen werden konnten. Es gelang Scharon, eine Regierung, bestehend aus *Likud*, *Schinui* und der *Nationalen Union* (einem Zusammenschluss mehrerer rechter Parteien), zu bilden. Später schloss sich noch die *Nationalreligiöse Partei* der Regierung an.

Trotzdem rissen die Bemühungen um eine friedliche Lösung des Konflikts nicht ab: Um Arafat nicht mehr als Verhandlungspartner akzeptieren zu müssen und dennoch weiterhin mit der *Palästinensischen Autonomiebehörde* Gespräche führen zu können, forderten die USA und Israel die Ernennung eines palästinensischen Ministerpräsidenten, der die eigentlichen Regierungsgeschäfte übernehmen sollte. Als Person legten sich Israel und die USA auf Mahmud Abbas fest. Abbas hatte den Vorteil, dass er zwar einerseits bereits seit langer Zeit ein enger Vertrauensmann Arafats war, aber andererseits auch einen guten Ruf in den USA und Israel genoss, denen er schon länger als Verhandlungsführer bekannt war. Am 19. März 2003 kam Arafat dieser Forderung nach und ernannte Mahmud Abbas zum Ministerpräsidenten.

Arafat hatte durch diesen Schritt erheblich an Möglichkeiten der direkten Machtausübung verloren, zugleich erlitt seine Reputation im selben Jahr einen herben Rückschlag, als Untersuchungen des Internationalen Währungsfonds israelische Beschuldigungen bestätigten, dass er und seine unmittelbaren Vertrauten Fördermittel der Weltgemeinschaft veruntreut und zur eigenen Bereicherung verwendet hatten.

Nach dieser Entmachtung gingen die Israelis noch einen Schritt weiter: Zwar war das Hauptquartier Arafats bereits seit zwei Jahren von der Außenwelt weitgehend abgeschnitten, so dass sich die Frage stellte, inwieweit er überhaupt noch in der Lage war, die Ereignisse zu beeinflussen, trotzdem erschien er der israelischen Regierung als so gefährlich, dass sie am 11. September 2003 beschloss, ihn nach Nordafrika auszuweisen. Dieser Beschluss konnte aufgrund heftiger Proteste aus dem Ausland und wegen der Befürchtung, dass die Lage dadurch vollkommen außer Kontrolle geraten würde, nicht umgesetzt werden.

Am 18. Dezember 2003 verkündete Scharon seinen Plan, sich einseitig aus dem Gazastreifen zurückzuziehen. Dieser Schritt geschah aus zwei Gründen: Zum einen wünschte Scharon damit zu dokumentieren, dass er im Umgang mit den Palästinensern durchaus kompromissbereit war und den von der westlichen Welt gestellten Forderungen nach einem stärkeren israelischen Engagement im Friedensprozess entsprechen konnte. Zum anderen demonstrierte er auf diese Weise die Haltung der israelischen Regierung: dass ein solcher Schritt derzeit nämlich nur ohne die Palästinenser möglich sei, denen jegliche Verhandlungsbereitschaft abgesprochen wurde.

Mit der Entscheidung zu einem unilateralen Handeln stieß Scharon nicht nur die *Palästinensische Autonomiebehörde* vor den Kopf, sondern auch innerhalb seiner eigenen Partei gab es heftigen Widerspruch. In einem Referendum sprachen sich 65 % der *Likud*-Mitglieder gegen einen Abzug aus dem Gazastreifen und die Räumung der dortigen israelischen Siedlungen aus.

Trotzdem setzte Scharon in der Regierung den Beschluss zum Rückzug aus dem Gazastreifen durch, wenn auch auf Kosten der Koalition: Bei der Abstimmung in der Knesset verweigerte ihm ein Großteil der Abgeordneten seiner eigenen Koalition die Gefolgschaft.

Als Arafat ernsthaft erkrankte, sah sich die israelische Regierung am 28. Oktober 2004 dazu gezwungen, die Isolation des Palästinenserführers zu beenden und seine Ausreise zur Behandlung in einem Pariser Krankenhaus zuzulassen. Dort starb er am 11. November desselben Jahres. Einen Tag später wurde er in Ramallah beerdigt, eine Bestattung in Ostjerusalem scheiterte am Widerstand der Israelis.

Neue Entwicklungen

9.1.2005	Mahmud Abbas wird palästinensischer Präsident
8.2.2005	Waffenruhe zwischen Israel, PLO und Hamas
12.9.2005	Räumung des Gazastreifens abgeschlossen

Ministerpräsident Mahmud Abbas übernahm das Amt des Vorsitzenden der PLO und wurde am 9. Januar 2005 zum neuen Präsidenten der *Palästinensischen Autonomiebehörde* gewählt. Diese Entwicklung wurde von den westlichen Staaten und Israel begrüßt, da man sich von Abbas versprach, dass er dem Friedensprozess wieder neue Impulse geben könne. Allerdings fiel es Abbas schwer, das Vertrauen der eigenen Bevölkerung, die ihn mit rund 62 % gewählt hatte, auch zu behalten: Da er den einen als zu konziliant gegenüber den Israelis galt, während andere monierten, dass auch unter seiner Präsidentschaft die Korruption der *Fatach*-Funktionäre nicht eingedämmt wurde, sank der Anteil seiner Unterstützer zunehmend.

Am 8. Februar trat eine Waffenruhe zwischen der *Palästinensischen Autonomiebehörde*, der *Hamas* und Israel in Kraft. Von israelischer Seite erhoffte man sich mit diesem Schritt eine Stärkung des Präsidenten Abbas, die zu weiteren Verhandlungen führen sollte. Allerdings bedeutete die Waffenruhe nicht das Ende von Anschlägen auf israelische Zivilisten, zu denen sich kleinere islamistische Gruppierungen bekannten, von denen Israel allerdings annahm, dass sie von der *Hamas* unterstützt wurden.

Bis zum 15. August 2005 hatten die israelischen Siedler im Gazastreifen die Möglichkeit, ihre Häuser freiwillig zu verlassen, danach begannen die Zwangsräumungen, die am 12. September beendet waren. Damit hatte sich Israel zum ersten Mal seit der Räumung des Sinai vollständig aus einem Teil der besetzten Gebiete zurückgezogen.

Dieser Rückzug führte dennoch zu keiner Entspannung, weder in der israelischen Innenpolitik noch hinsichtlich der Beziehungen zu den Palästinensern. In seiner eigenen Partei sah Scharon nicht mehr den nötigen Rückhalt, um eine stabile Regierung zu führen. Den Rückzug hatte er nur mit Unterstützung der IAP, die sich im Januar 2005 mit Scharon auf eine Regierungsbildung verständigt hatte, durchführen können. Am 21. November 2005 zog Scharon die Konsequenzen: Er verließ den *Likud* und gründete eine neue Partei mit dem Namen *Kadima,* die sich in der politischen Mitte positionierte. Die Gründung der *Kadima* veränderte das Parteiengefüge Israels nachhaltig: Nicht nur viele *Likud*-Mitglieder folgten Scharon, auch Angehörige der IAP, unter ihnen Schimon Peres, schlossen sich der neuen Gruppierung an.

Die Amtszeit Ehud Olmerts

4.1.2006	Ehud Olmert wird Ministerpräsident
28.3.2006	Wahlen zur Siebzehnten Knesset
28.6.–26.11.2006	Israel-Gaza-Konflikt
12.7.–14.8.2006	Zweiter Libanonkrieg
7.–15.6.2007	*Hamas* übernimmt die Macht im Gazastreifen
27.12.2008–18.1.2009	Gazakrieg
10.2.2009	Wahlen zur Achtzehnten Knesset
31.3.2009	Benjamin Netanjahu wird Ministerpräsident

Mit der neuen Partei strebte Scharon baldige Neuwahlen an, um die Unterstützung, die er in der Bevölkerung genoss, auch in eine entsprechende Mehrheit umwandeln zu können. Allerdings erlitt er am 4. Januar 2006 einen Hirnschlag und liegt seitdem im Koma, so dass er die weiteren Ereignisse nicht mehr mitgestalten konnte. An Scharons Stelle wurde Ehud Olmert, der seit 2003 als Finanzminister auch den Posten des stellvertretenden Ministerpräsidenten innehatte, zum amtierenden Ministerpräsidenten und zum Vorsitzenden der *Kadima* gewählt.

Ehud Olmert war 1945 in der Nähe von Binjamina zur Welt gekommen und hatte sich von Jugend an in revisionistischen Organisationen engagiert. Bereits 1966 hatte er als junges Mitglied der *Cherut* den Rücktritt Menachem Begins gefordert.

1973 war er erstmals in die *Knesset* eingezogen, zwischen 1988 und 1992 diente er als Minister verschiedener Geschäftsbereiche. Von 1993 bis 2003 war er Bürgermeister von Jerusalem.

Bei den Wahlen zur Siebzehnten Knesset am 28. März 2006 gelang es *Kadima*, die stärkste Kraft zu werden: Sie erlangte 29 Sitze. Der große Verlierer war der *Likud*, der nur noch zwölf Mandate errang und damit genauso viele Abgeordnete wie die *Schass*-Partei stellte. Die IAP verlor nur leicht (19 statt bisher 21 Mandate). Ein weiterer Gewinner der Wahlen war die von Russen dominierte nationalistische Partei *Israel Beitenu*, die sich von drei auf elf Sitze steigerte. Auch die neu gegründete Rentnerpartei *Gil* konnte auf Anhieb sieben Sitze erreichen.

Ehud Olmert ging eine Koalition mit der IAP, *Gil* und *Schass* ein, um die Politik Scharons fortsetzen zu können.

Allerdings fiel es den Israelis schwer, einen Partner auf der palästinensischen Seite zu finden: Der einseitige Rückzug hatte weder die Position Abbas' gestärkt noch eine weitergehende Gesprächsbereitschaft zur Folge gehabt. Die Palästinenser sahen in dem einseitigen Handeln Israels nur den Versuch, die gemeinsamen Probleme zugunsten des jüdischen Staates zu lösen, ohne die Belange der Palästinenser zu berücksichtigen. Von daher war es Abbas unmöglich, mit den Israelis zu kooperieren, ohne als Verräter gebrandmarkt zu werden, zumal er vielen ohnehin als zu versöhnlich galt.

Bei den Wahlen zum *Palästinensischen Legislativrat*, dem Parlament der Autonomiebehörde, am 25. Januar 2006, konnten sich die Vertreter der *Hamas*, auch begünstigt durch das Wahlsystem, durchsetzen und die absolute Mehrheit erlangen. Der Spitzenkandidat der *Hamas*, Ismail Hanijja, wurde von Abbas zum Ministerpräsidenten ernannt und am 29. Februar in sein Amt eingeführt.

Die westliche Welt und Israel reagierten mit Enttäuschung auf das Ergebnis der Wahlen, weil sie den Fortschritt, den der Amtsantritt Abbas' bedeutet hatte, wieder gefährdet sahen.

Die Hardliner auf israelischer Seite fühlten sich vom Wahlergebnis und dem Erfolg der *Hamas* in ihrer unnachgiebigen Haltung bestätigt und warfen jetzt der Regierung vor, durch den einseitigen Abzug die radikalen Kräfte unter den Palästinensern gestärkt zu haben.

Die *Hamas* wich auch nach ihrem Wahlsieg nicht von ihrem Ziel der Zerstörung Israels ab. Sie betonte, dass sie die bisher geschlossenen Verträge zwischen der *Palästinensischen Autonomiebehörde* und Israel nicht anerkennen und den bewaffneten Kampf gegen Israel fortsetzen würde.

Sowohl Israel als auch das Nahostquartett – USA, Russland, die EU und die UN – reagierten auf die Unnachgiebigkeit der *Hamas* mit wirtschaftlichen Sanktionen, die allerdings wenig geeignet waren, die Situation zu verbessern.

Nachdem es am 9. Juni 2006 am Strand von Gaza zu Toten gekommen war, entweder weil ein Blindgänger palästinensischer Freischärler explodiert war oder weil es einen israelischen Gegenschlag als Antwort auf palästinensischen Raketenbeschuss gegeben hatte, kündigte die *Hamas* die vor 16 Monaten verkündete Waffenruhe auf. Als die israelische Armee am 24. Juni 2006 zwei *Hamas*-Mitglieder im Gazastreifen gefasst und nach Israel gebracht hatte, führten Mitglieder der *Hamas* tags darauf eine Aktion auf israelischem Gebiet durch, bei der zwei israelische Soldaten getötet und ein dritter entführt wurden. Im Gegenzug drangen israelische Einheiten am 28. Juni in den Gazastreifen ein und lieferten sich Gefechte mit den Freischärlern der *Hamas* und anderen Gruppierungen. 64 führende *Hamas*-Mitglieder wurden gefangengenommen. Die *Hamas* reagierte mit dem Abschuss von Raketen auf israelisches Gebiet, was wiederum zu Gegenschlägen der Israelis führte.

Gleichzeitig verschärfte sich die Lage an der Grenze zum Libanon: Dort hatte es seit dem Abzug der Israelis immer wieder Zusammenstöße mit der *Hisbollah* gegeben, so dass die ganze Zeit ein gewisses Maß an Unruhe herrschte. Am 12. Juli rückten Angehörige der *Hisbollah* auf israelisches Gebiet vor, töteten drei Soldaten der israelischen Armee und entführten zwei weitere. Israel reagierte mit Härte auf den Vorfall, der auch bewies, dass *Hisbollah* und *Hamas* sich gegenseitig Hilfestellung leisteten. Israel verließ sich in diesem Konflikt vor allem auf seine Luftwaffe, was zu hohen Opfern unter der libanesischen Zivilbevölkerung führte, zumal die *Hisbollah* ihre Aktionen häufig aus zivilen Gebäuden heraus startete. Die *Hisbollah* feuerte Raketen auf nordisraelische Städte ab, denen wiederum israelische Zivilisten zum Opfer fielen. Am 14. August wurde unter Vermittlung der Vereinten Nationen ein Waffenstillstand vereinbart. Israel hatte sein Ziel, die Befreiung der beiden entführten Soldaten, nicht erreicht (ihre Leichen wurden erst später gegen libanesische Terroristen ausgetauscht) und durch die hohe Zahl getöteter libanesischer Zivilisten Empörung in der ganzen Welt hervorgerufen. Die *Hisbollah* dagegen konnte sich als ernstzunehmender Gegner Israels profilieren und ihre Position im Libanon festigen, so dass keine libanesische Partei mehr die Auflösung dieser letzten verbliebenen Miliz auf libanesischem Boden forderte.

Auch der Streit zwischen *Fatach* und *Hamas* spitzte sich zu und kulminierte schließlich in einem bewaffneten Konflikt, in dessen Verlauf vom 7. bis zum 15. Juni 2007 es der *Hamas* gelang, die *Fatach* aus dem Gazastreifen zu verdrängen und die alleinige Kontrolle des Gebiets zu übernehmen. Abbas setzte Hanijja daraufhin als Ministerpräsidenten ab und ernannte einen Nachfolger aus den Reihen der *Fatach*, ohne dass er damit die Kontrolle des Gazastreifens wiedererlangen konnte. De facto existieren seit diesem Zeitpunkt zwei palästinensische Entitäten, die von der *Fatach* geführte Autonomiebehörde im Westjordanland und die *Hamas* im Gazastreifen.

Innerhalb der israelischen Regierung kam es immer wieder zu Spannungen, die sich an der Person Ehud Olmerts festmachten, gegen den schwere Korruptionsvorwürfe erhoben wurden. Als Konsequenz daraus stellte er sich nicht mehr zur Wiederwahl als Vorsitzender der *Kadima* zur Verfügung, so dass am 17. September 2008 Außenministerin Tzipi Livni seine Nachfolge in der Partei übernahm. Olmert erklärte seinen Rücktritt vom Amt des Ministerpräsidenten. Da Livni jedoch keine tragfähige Regierung bilden konnte, blieb Olmert noch bis zu den nächsten Wahlen geschäftsführend im Amt.

Die Machtübernahme der *Hamas* im Gazastreifen bedeutete für die israelische Seite eine erneute Verschärfung der Situation. Da nun der Gazastreifen als Aufmarschgebiet radikaler Palästinensergruppen genutzt wurde, die mit Raketen israelische Gebiete beschossen, sah sich Israel zur Reaktion genötigt. Am 27. Dezember 2008 führte die israelische Armee einen großangelegten Vergeltungsschlag durch, dessen Ziel es war, die Infrastruktur der *Hamas* im Gazastreifen zu zerstören, was zwei Jahre zuvor nicht gelungen war. Dabei lag der Schwerpunkt für die ersten Tage dieser Aktion auf Angriffen der Luftwaffe. Erst ab dem 3. Januar 2009 wurden auch Bodentruppen hinzugezogen. Insgesamt dauerten die Kämpfe bis zum 18. Januar. Am Ende hatte Israel sein Ziel nicht erreicht: Die Schwächung der *Hamas* war nicht gelungen, außerdem musste sich Israel durch die hohe Zahl von getöteten palästinensischen Zivilisten erneut den Vorwurf gefallen lassen, unverhältnismäßig hart vorgegangen zu sein.

Zudem hat Israel den regen Schmuggelverkehr an der Grenze zu Ägypten nicht unterbinden können. Zwar waren einige Tunnel, durch die militärische und zivile Güter in den Gazastreifen gelangten, zerstört worden, allerdings war es nach dem Ende der Angriffe relativ leicht, neue Tunnel zu graben beziehungsweise die alten so weit wiederherzustellen, dass sie erneut zur Versorgung der *Hamas* genutzt werden konnten.

Die israelische Öffentlichkeit hat die Angriffe, trotz vereinzelter Kritik an der Art der Durchführung, überwiegend unterstützt. Diese Unterstützung konnte die Regierung bei den nächsten Wahlen jedoch nicht für sich nutzen. Bei den Wahlen am 10. Februar 2009 wurde *Kadima* zwar wieder stärkste Fraktion und verlor nur einen Sitz, so dass sie jetzt 28 Abgeordnete stellte, doch die Koalitionspartner erlitten erhebliche Verluste: Die IAP fiel von 19 auf 13 Sitze, die Rentnerpartei *Gil*, die zuvor sieben Abgeordnete gestellt hatte, war jetzt gar nicht mehr im Parlament vertreten. Großer Gewinner der Wahl war der *Likud*, der sich von der vorherigen Niederlage erholt zeigte und nun mit 27 Abgeordneten die zweitstärkste Fraktion stellte. Das Ergebnis war für den Vorsitzenden des *Likud*, Benjamin Netanjahu, trotzdem nicht vollkommen zufriedenstellend: In den Umfragen vor den Wahlen war man noch von einem klaren Sieg seiner Partei ausgegangen. Dieser war jetzt ausgeblieben, so dass die Regierungsbildung alles andere als einfach wurde.

Obwohl Netanjahu nicht die stärkste Fraktion in der Knesset anführte, wurde er mit der Regierungsbildung beauftragt, da es sich schnell abzeichnete, dass er die nötigen Stimmen des rechten Lagers auf sich vereinigen könnte. Allerdings bot er *Kadima* die Bildung einer Regierung der nationalen Einheit an, was aber an Livnis mangelnder Bereitschaft, sich als Juniorpartner an einer solchen Regierung zu beteiligen, scheiterte. Netanjahu bildete schließlich eine Regierung aus *Likud, Israel Beitenu, Schass* und der IAP, später kam noch eine kleinere religiöse Partei hinzu. Mit dieser Konstellation wurde deutlich, dass Netanjahu zwar an einem Rechtsruck innerhalb der Regierung interessiert war, andererseits jedoch durchaus Kräfte der gemäßigten Mitte innerhalb der Regierung haben wollte, um bestimmte Entscheidungen, die mit den palästinensischen Verhandlungspartnern, aber auch mit Gegnern getroffen werden mussten, durchzusetzen. Bisher gelang es diesem Kabinett, das am 31. März 2009 die Arbeit aufgenommen hat, nicht, Fortschritte im Friedensprozess zu erzielen, zumal die Blockade des Gazastreifens, der weiterhin unter der Kontrolle der *Hamas* steht, andauert und nicht deutlich ist, wer überhaupt auf palästinensischer Seite für Verhandlungen zur Verfügung stehen kann.

Ausblick: Die Situation seit 2009 und die Fragen der Zukunft

Unter der Regierung Netanjahu hat sich im Lauf der nächsten 18 Monate die Situation nicht wesentlich geändert: Weiterhin stockt der Friedensprozess, beide Seiten werfen sich gegenseitig vor, nicht genug für eine friedliche Lösung des Konflikts zu tun. Dabei hat sich die Zweiteilung der palästinensischen Gebiete gefestigt: Das Westjordanland wird weiterhin von der PLO unter Mahmud Abbas beherrscht, während im Gazastreifen immer noch die *Hamas* das Sagen hat. Damit haben sich auch die Probleme für Israel verfestigt: Während man weiterhin Abbas als Verhandlungspartner ansieht, ist die Frage offen, wie man mit dem Gazastreifen und den stets neuen Raketenangriffen von dort verfahren soll. Jede militärische Reaktion von Seiten Israels verhindert auch konstruktive Gespräche mit gemäßigten Kräften, die es sich nicht erlauben können, ein solches Vorgehen durch ihre Verhandlungsbereitschaft zu legitimieren.

Auch der fortgesetzte Ausbau der israelischen Siedlungen im Westjordanland erweist sich als Hindernis im Friedensprozess. Israel begründet ihn mit der natürlichen Zunahme der Bevölkerung in den Siedlungen, der mit Neubauten Rechnung getragen werden müsse, ein Argument, das auch von den Verbündeten Israels nicht immer geglaubt wird. Dabei stellt sich die Frage, ob sich Israel mit einem solchen Handeln nicht für einen kurzfristigen Vorteil langfristig selber schadet.

In den Beziehungen Israels zu den arabischen Staaten

zeichnete sich im Jahre 2011 eine Veränderung ab, die so von den wenigsten vorausgesehen oder erwartet wurde: Durch die sogenannte »Arabellion«, die auch als »Arabischer Frühling« bezeichnet wird, änderte sich das innere Gefüge einiger arabischer Staaten, wobei noch nicht abzusehen ist, ob diese Änderungen überall von Dauer sein werden.

Die Proteste, die im Dezember 2010 in Tunesien ihren Anfang nahmen und ab dem 25. Januar 2011 auch in Ägypten ihren Höhepunkt erreichten, führten, wie später auch in Libyen, zum Sturz der langjährigen Machthaber. Am 11. Februar 2011 wurde der ägyptische Präsident Hosni Mubarak zum Rücktritt gezwungen. Von November 2011 bis Januar 2012 fanden dort Wahlen statt, bei denen die islamistischen Parteien mehr als 70 % der Stimmen erhielten.

Israel befindet sich durch die Entwicklungen in Ägypten in einer zwiespältigen Lage: Zum einen hatte es immer wieder betont, die einzige Demokratie im Nahen Osten zu sein, von daher erschien eine Demokratisierung der arabischen Staaten durchaus als wünschenswert. Zum anderen hatte es aber auch von der Stabilität der Herrschaft Mubaraks profitiert, denn Mubarak hatte sich als Garant des israelisch-ägyptischen Friedensabkommens gezeigt. Er war für die Israelis ein verlässlicher Partner, der auch in der Lage war, zwischen ihnen und den palästinensischen Behörden zu vermitteln. Auch die USA sahen in Mubarak einen wichtigen Verbündeten, der einen Friedensprozess im Nahen Osten stabilisieren könnte. Insofern stellt sich für Israel die Frage, was nach Mubarak kommt und wie groß die Chance für eine Fortsetzung des Friedensprozesses zwischen beiden Staaten sein wird. Entsprechend abzuwarten sind ebenso die Entwicklungen in Syrien und im Iran.

Aber der Staat Israel steht nicht nur vor außenpolitischen Problemen, sondern auch im Inneren zeigt sich das Bedürfnis nach Reformen und nach der Auflösung gesellschaftlicher Widersprüche.

Die weltweite Wirtschaftskrise betrifft auch den Staat Israel: Viele Errungenschaften des Sozialstaates mussten in den letzten Jahre zurückgenommen werden, weil sie nicht zu finanzieren waren. Gerade die Steigerung der Preise für Wohnraum zusammen mit den eher niedrigen Durchschnittslöhnen schuf ein Klima der Unzufriedenheit. Dazu kommt noch, dass bereits 2007 ungefähr ein Viertel der Bevölkerung unterhalb der Armutsgrenze lebte. Diese Unzufriedenheit zeigte sich im Juli 2011 in Demonstrationen im ganzen Land, die vom »Arabischen Frühling« inspiriert waren und sich in erster Linie gegen soziale Probleme richteten. Auch viele Anhänger des regierenden *Likud* hatten Verständnis für diese Demonstrationen. Die Regierung kündigte daraufhin gesetzliche Maßnahmen an, die die Bereitstellung bezahlbaren Wohnraums erleichtern sollen. Ob und in welchem Maße diese greifen werden, ist umstritten. Die Proteste halten bis heute an und werden von weiten Teilen der Bevölkerung unterstützt, weshalb sich auch die Politik genötigt sieht, die Forderungen der Demonstranten ernstzunehmen.

Ein anderes Problem zeigte sich im Jahr 2011 im Verhältnis zwischen religiösen und nichtreligiösen Israelis. Ungefähr zehn Prozent der jüdischen Israelis sind streng orthodoxe Juden, das heißt, sie zeichnen sich durch eine traditionelle Interpretation des religiösen Lebens aus und bemühen sich darum, ihre Traditionen auch in der Moderne nicht aufzugeben. Dabei bilden diese Orthodoxen keine einheitliche Gruppierung: Sie unterscheiden sich beispielsweise im Maße ihrer Radikalität bezüglich einer Ablehnung des weltlichen Lebensstils und ihrer Einstellung zum Staat Israel. Einige kleine Gruppen sind seit einigen Jahren darum bemüht, ihre Ansichten in den Wohnvierteln, in denen sie die Mehrheit haben, durchzusetzen. Dabei kommt es immer wieder zu Konflikten mit weniger radikalen gläubigen und weltlichen Israelis. So stieß der Versuch, in öffentlichen Bussen, die durch orthodoxe Viertel fahren, eine nach Geschlechtern getrennte Sitzordnung durchzusetzen, auf heftigen Widerspruch der israelischen Öffentlichkeit. Die Weigerung religiöser Soldaten, bei Feierlichkeiten anwesend zu sein, bei denen Frauen singen, stieß ebenso auf weitgehendes Unverständnis. Auch viele religiöse Juden weigern sich, diese Gruppierungen zu unterstützen und befürworten den bestehen Zustand einer Gesellschaft, die sich durch die Freiheit der Religionsausübung auszeichnet. Für viele säkulare Israelis stellt sich die Frage, ob man in der Vergangenheit den religiösen Gruppierungen, die vom Staat finanziell unterstützt werden und weitgehende Privilegien besitzen, nicht zu weit entgegengekommen sei und ob man, um die demokratische Struktur des Staates zu gewährleisten, in Zukunft unnachgiebiger mit ihnen verfahren solle. Dabei spielt auch die demographische Frage eine Rolle, da langfristig die kinderreichen orthodoxen Familien einen immer größeren Teil der Bevölkerung stellen werden.

Insgesamt steht Israel gegenwärtig, wie bereits 1948, vor der Frage, wie es seine Existenz sichern kann, welche Maßnahmen seine Stellung in der Welt festigen, welche Ereignisse seine Existenz gefährden oder seinen Ruf ruinieren können. Trotzdem gibt es deutliche Unterschiede zur Situation zur Zeit der Staatsgründung: Israel hat sich als ein stabiler Faktor im Nahen Osten erwiesen. Versuche, seine Etablierung wieder rückgängig zu machen, stellten sich als vergeblich heraus. Das heißt nicht, dass seine Existenz endgültig gesichert ist, aber die verschiedenen Annäherungen zwischen Israel und seinen arabischen Nachbarn, die sich in den letzten dreißig Jahren ereignet haben, zeigen, dass ein für beide Seiten erträglicher Modus vivendi zwar schwierig, aber durchaus möglich ist.

Literaturhinweise

Avineri, Shlomo: The Making of Modern Zionism. The Intellectual Origins of the Jewish State. London 1981.
Bard, Mitchell G.: Myths and Facts. A Guide to the Arab-Israeli Conflict. Chevy Chase 2001.
Bell, John Bowyer: Terror out of Zion. Irgun Zvai Leumi, LEHI, and the Palestine Underground, 1929–1949. New York 1977.
Ben-Ami, Yitshaq: Years of Wrath, Days of Glory. Memoirs from the Irgun. New York ²1983.
Ben-Sasson, Haim Hillel (Hrsg.): Geschichte des jüdischen Volkes. Von den Anfängen bis zur Gegenwart. München ⁵2005.
Böhme, Jörn / Kriener, Tobias / Sterzing, Christian: Kleine Geschichte des israelisch-palästinensischen Konflikts. Schwalbach 2007.
Brenner, Michael: Geschichte des Zionismus. München 2002.
Bunzl, John: Israel im Nahen Osten. Stuttgart 2008.
Cohn-Sherbok, Dan / El-Alami, Dawoud: The Palestine-Israeli Conflict. A Beginner's Guide. Oxford 2001.
Flapan, Simcha: Die Geburt Israels. Mythos und Wirklichkeit. München 1988.
Flug, Noah / Schäuble, Martin: Die Geschichte der Israelis und Palästinenser. München/Wien 2007.
Gelvin, James L.: The Israel-Palestine Conflict. One Hundred Years of War. Cambridge 2005.
Gilbert, Martin: Israel. A History. London 1999.
Golani, Motti: Israel in Search of a War. The Sinai Campaign, 1955–1956. Brighton/Portland 1998.
Heller, Joseph: The Stern Gang. Ideology, Politics and Terror, 1940–1949. London 1995.
– The Birth of Israel, 1945–1949. Ben-Gurion and his Critics. Gainesville [u.a.] 2000. [Nachdr. 2003.]
Hertzberg, Arthur: The Zionist Idea. A Historical Analysis and Reader. New York 1981.
Herz, Dietmar / Steets, Julia: Palästina. Gaza und Westbank. Geschichte, Politik, Kultur. München ⁴2002.

Herz, Dietmar / Jetzlsperger, Christian / Ahlborn, Kai (Hrsg.): Der israelisch-palästinensische Konflikt. Hintergründe, Dimensionen und Perspektiven. Wiesbaden 2003.
Herzog, Chaim: Kriege um Israel. 1948 bis 1984. Frankfurt a. M. / Berlin / Wien 1984.
Höpp, Gerhard (Hrsg.): Mufti-Papiere. Briefe, Memoranden, Reden und Aufrufe Amîn al-Ḥusainîs aus dem Exil, 1940–1945. Berlin 2001.
Johannsen, Margret: Der Nahost-Konflikt. Wiesbaden 2006.
Jones, Clive / Murphy, Emma C.: Israel. Challenges to Identity, Democracy and the State. London / New York 2002.
Karsh, Efraim: Fabricating Israeli History. London/Portland ^{2}2000.
Katz, Samuel: Tage des Feuers. Das Geheimnis der Irgun. Königstein i. Ts. 1981.
Kingston, Paul W. T.: Britain and the Politics of Modernization in the Middle East, 1945–1958. Cambridge 1996.
Krämer, Gudrun: Geschichte Palästinas. München ^{2}2002.
Krautkrämer, Elmar: Krieg ohne Ende? Israel und die Palästinenser – Geschichte eines Konflikts. Darmstadt 2003.
Krupp, Michael: Die Geschichte des Staates Israel. Von der Gründung bis heute. Gütersloh 2004.
Laqueur, Walter: Der Weg zum Staat Israel. Geschichte des Zionismus. Wien 1975.
– / Rubin, Barry (Hrsg.): The Israel-Arab Reader. A Documentary History of the Middle East Conflict. New York / Oxford ^{6}2001.
Levine, Daniel: Daniel Raziel. The Man and the Legend. The Birth of the Irgun Zvai Leumi. A Jewish Liberation Movement. Jerusalem/ Woodmere 1991.
Medoff, Rafael: Militant Zionism in America. The Rise and Impact of the Jabotinsky Movement in the United States, 1926–1948. Tuscaloosa/London 2002.
Metzer, Jacob: The Divided Economy of Mandatory Palestine. Cambridge 1998.
Morris, Benny: The Birth of the Palestinian Refugee Problem. Cambridge [u. a.] 1987.

Morris, Benny: 1948 and After. Israel and the Palestinians. Oxford 1990.
– Israel's Border Wars 1949–1956. Arab Infiltration, Israeli Retaliation, and the Countdown to the Suez War. Oxford 1993.
– Righteous Victims. A History of the Zionist-Arab Conflict, 1881–2001. New York 2001.
– The Road to Jerusalem. Glubb Pasha, Palestine and the Jews. London / New York 2002.
– The Birth of the Palestinian Refugee Problem Revisited. Cambridge 2004.
Pappé, Ilan: The Making of the Arab-Israeli Conflict 1947–51. London / New York 1992.
– A History of Modern Palestine. One Land, Two Peoples. Cambridge 2004.
Peters, Joan: From Time Immemorial. The Origins of the Arab-Jewish Conflict over Palestine. New York 1984.
Rabinovich, Itamar: The Brink of Peace. The Israeli-Syrian Negotiations. Princeton 1998.
– Waging Peace. Israel and the Arabs at the End of the Century. New York 1999.
Rogan, Eugene L. / Shlaim, Avi (Hrsg.): The War for Palestine. Rewriting the History of 1948. Cambridge 2001.
Rokach, Livia: Israels heiliger Terror. Eine Studie von Moshe Sharetts Persönlichem Tagebuch und anderen Dokumenten seiner Zeit. Pfungstadt ²1982.
Rosenthal, Donna: Die Israelis. Leben in einem außergewöhnlichen Land. München 2008.
Sachar, Howard M.: A History of Israel. From the Rise of Zionism to our Time. New York ²1996.
Schäfer, Barbara (Hrsg.): Historikerstreit in Israel. Die »neuen« Historiker zwischen Wissenschaft und Öffentlichkeit. Frankfurt / New York 2000.
Schulze, Kirsten E.: Israel's Covert Diplomacy in Lebanon. Hampshire/London 1998.

Schulze, Kirsten E. / Stokes, Martin / Campbell, Colm (Hrsg.): Nationalism, Minorities and Diasporas. Identities and Rights in The Middle East. London / New York 1996.
Segev, Tom: Es war einmal in Palästina. Juden und Araber vor der Staatsgründung Israels. München 2006.
– 1967. Israels zweite Geburt. München 2009.
– Die ersten Israelis. Die Anfänge des jüdischen Staates. München 2010.
Shapira, Anita: Land and Power. The Zionist Resort to Force, 1881–1948. Oxford 1992. [Nachdr. Stanford 1999.]
Sharett, Moshe: The Rise of Israel. Tel Aviv 1963.
Shavit, Yaakov: Fire and Water: Ze'ev Jabotinsky and the Revisionist Movement. In: Studies in Zionism 4 (1981), S. 215–236
Shimoni, Gideon: The Zionist Ideology. Hannover/London 1995.
Shlaim, Avi: Collusion across the Jordan. King Abdullah, the Zionist Movement, and the Partition of Palestine. Oxford 1988.
– The Iron Wall. Israel and the Arab World. New York / London 2001.
Tavin, Eli / Alexander, Yonah (Hrsg.): Psychological Warfare and Propaganda: Irgun Documentation. Wilmington 1982.
Tessler, Mark: A History of the Israeli-Palestinian Conflict. Bloomington/Indianapolis 1994.
Timm, Angelika: Israel. Geschichte des Staates seit seiner Gründung. Bonn ^{3}1998.
– / Timm, Klaus: Westbank und Gaza. Fakten, Zusammenhänge und Hintergründe israelischer Okkupationspolitik. Berlin 1988.
Troen, S. Ilan / Lucas, Noah (Hrsg.): Israel. The First Decade of Independence. Albany 1995.
Wasserstein, Bernard: Israel und Palästina. Warum kämpfen sie und wie können sie aufhören? München 2003.
Wolffsohn, Michael: Wem gehört das Heilige Land? Die Wurzeln des Streits zwischen Juden und Arabern. München/Zürich 2002.
– / Bokovoy, Douglas: Israel. Geschichte, Politik, Gesellschaft, Wirtschaft (1882–1996). Opladen ^{7}2007.

Verzeichnis der Karten

12 Israel und besetzte Gebiete
54 Teilungsplan der Peel-Kommission für Palästina, 1937
59 Teilungsplan der Vereinten Nationen für Palästina, 1947
66 Israel und seine Nachbarn, 1947–1967
92 Israel und die besetzten Gebiete, 1967
145 Neuordnung gemäß Oslo II, 1995

Personen- und Ortsregister

Abbas, Mahmud 157, 159, 162, 164, 168
Abdallah, Emir und König von Jordanien 41
Achad Ha'am 19
Ägypten 14, 16, 32, 34, 62, 64, 72f., 76, 78–80, 83, 89–94, 98–100, 102, 106, 114–117, 122, 126, 129f., 141, 143, 155, 165, 169
Äthiopien 81, 112f.
Afrika 26f., 81
Akko 33
Alexander II., Zar 18
Alkalai, Jehuda Chai 16
Amin al-Husseini 48f., 52, 55
Amman 41
Anders, Wladyslaw 108
Arafat, Jassir 94, 121, 135f., 138, 141, 151f., 152, 155–158
Argentinien 18, 21

Balkan 16
Barak, Ehud 138, 149–154
Basel 23, 26f.
Begin, Menachem 69, 87–89, 107–110, 113, 115, 117, 119f., 122, 124–126, 155, 161
Belgrad 16
Ben-Gurion, David 30, 44, 53, 55f., 62, 67–71, 73–77, 79–85, 88f., 96f., 105, 120
Ben-Jehuda, Elieser 17f.
Ben-Zvi, Jitzchak 30
Berlin 18, 33f.
Bernadotte, Graf Folke 125
Białystok 125
Binjamina 161
Brest-Litowsk 108
Buber, Martin 25
Budapest 19f.

Camp David 114f., 117, 126, 129, 149, 151
Cherson 73
Churchill, Winston 41
Clinton, Bill 143, 148, 151

Dajan, Mosche 75f., 78, 83, 89, 91, 110, 116, 126
Deganja Bet 85
Den Haag 28
Deutschland 9f., 15, 17, 20, 23, 33, 45, 47, 51, 55f., 82f., 103, 108, 133

El-Arisch 26
Entebbe 101, 103f.
Eritrea 125
Eschkol, Levi 30, 84–89, 95–97
Europa 9, 15f., 18, 21–27, 30f., 33, 47f., 56, 65, 67, 69, 72, 74, 79, 82, 86f., 107f., 143

Faisal, König des Irak 38–41, 45

Frankfurt a. d. Oder 17
Frankreich 17, 21, 33, 40, 52, 62, 79, 81, 103, 105, 122

Galiläa 53, 63, 67
Gaza 33, 139–141, 160, 163
Gazastreifen 64, 72, 79, 91, 115, 119, 130, 139, 142, 152 f., 157–160, 163–168
Gemayel, Baschir 120, 122 f., 126
Golan 91, 97, 99 f., 118–120
Gordon, David 16
Graetz, Heinrich 17
Großbritannien 13 f., 16, 26, 32–38, 40–42, 44 f., 51–53, 55–60, 62, 73, 76, 79 f., 97, 109, 125

Haifa 33
Hanijja, Ismail 162, 164
Hebron 33, 50, 111, 146, 148
Hermon 33
Herzl, Theodor 13, 18–28, 31, 34
Hess, Moses 14, 17
Hirsch, Baron Maurice de 21
Hubeika, Elie 124
Hussein, König von Jordanien 90
Hussein, Scharif von Mekka 32 f., 39
Hussein, Saddam 135 f.
Husseini, Amin al- 48 f., 52, 55

Irak 39, 41, 62, 135 f.
Iran 81, 128, 131, 169
Italien 15, 17, 34, 56

Jabotinsky, Wladimir Ze'ev 34, 45–47, 108
Jaffa 50, 53
Jassin, Ahmad 131
Jemen 32, 112
Jericho 139–141
Jerusalem 14, 28 f., 32, 35, 49 f., 53, 57, 64, 91, 101, 115, 142, 152 f., 158, 161
Jessod Hama'alah 29
Johnson, Lyndon B. 85
Jordan 33, 42, 64, 89 f., 111
Jordanien 64, 73, 90, 93, 115–117, 136 f., 139, 141, 143
Joseph, Ovahia 113
Juda Halevi 14 f.

Kahan, Jitzchak 123
Kalischer, Zwi Hirsch 16
Kanada 56
Kfar Malal 155
Kibya 73–75
Kiew 85, 96
Klagemauer 50
Konstantinopel 28, 44, 73
Kopenhagen 33
Kuweit 135 f.

Lavon, Pinchas 75 f., 82–84, 88
Libanon 32, 40, 52, 56, 62, 102, 108, 117 f., 120–128, 132,

136, 139, 144, 149–151, 160, 163 f.
Livni, Tzipi 165 f.
London 32, 34, 41, 55 f., 73, 121
Lorje, Chaim 17
Lueger, Karl 20
Lyck 16

Madrid 135, 136, 138, 143
Manchester 45
Mauritius 56
Medina 41
Meir, Golda 75, 96–102, 105
Mekka 32, 38, 41
Mischmar Hascharon 149
Motal 45
München 23

Naschaschibi 49
Nasser, Gamal Abdel 77–79, 98
Negev 33, 53, 151
Netanjahu, Benjamin 11, 138, 143, 146–149, 155, 160, 166–168
New York 16, 56
Noah, Mordecai Manuel 16
Nordafrika 65, 157

Odessa 18, 34
Olmert, Ehud 160 f., 165 f.
Osmanisches Reich 16, 22, 25 f., 28 f., 32, 39, 48, 73
Österreich-Ungarn 23
Osteuropa 15, 24, 27, 30 f., 33, 72, 107 f.

Paris 21, 38, 45, 103, 158
Peel, William Robert Wellesley 52–55
Peres, Schimon 76, 88 f., 104 f., 119, 126 f., 132, 138, 144, 146, 149, 160
Pinsk 45
Pinsker, Leon 14, 18
Płońsk 44
Polen 44, 104, 108

Qana 144

Rabin, Jitzchak 101–105, 138–140, 142–144, 147–149, 155
Ramallah 158
Rischon le-Zion 14, 29
Rothschild, Baron Edmund de 21, 30
Rothschild, Lord Lionel Walter 35
Ruschany 125
Russland 16–18, 26, 29, 33, 44, 108, 132–134, 136, 143, 146, 150, 154, 161, 163

Sadat, Anwar as- 98, 114–116
Sabra 120, 123 f., 155
Safed 33
Schamir, Jitzchak 120, 125–127, 132

Scharett, Mosche 71, 73–78, 80, 97
Scharon, Ariel 74, 110, 123–125, 139, 152–158, 160 f.
Schasar, Salman 30
Schatila 120, 123 f., 155
Schebaa-Farmen 150
Schweiz 45, 103
Sde Boker 71
Sinai 26, 79 f., 90 f., 99–102, 116, 119, 142, 155, 160
Smolenskin, Perez 17
Sowjetunion 80 f., 97, 108, 132–134, 136
Suez-Kanal 62, 77, 79, 91, 98–100, 155
Syrien 32 f., 40, 48, 62, 90–93, 99 f., 120–122, 136, 150, 169

Taba 142
Tel Aviv 44, 55, 62, 64, 73, 95, 101, 103, 105, 147
Tempelberg 50, 152 f.
Tiran, Straße von 79, 89, 91
Totes Meer 33
Transjordanien 41, 62–64, 97
Türkei 16, 28, 81

Uganda 26, 103 f.
Ukraine 30, 73
Ungarn 20, 23
USA 33–35, 44, 56, 76, 79 f., 84 f., 96, 98, 100, 104, 115, 122, 128, 135 f., 143 f., 147, 151, 156 f., 163, 169

Warburg, Otto 34
Warschau 44, 125
Washington 85, 101, 116, 140, 143, 148
Weißrussland 30, 104, 125
Weizmann, Chaim 25, 28, 34, 38–41, 45, 53, 56
Weizmann, Eser 116
Westbank 53, 72, 91, 95, 97, 119, 142, 151 f.
Wien 17, 19–21
Wischnewa 104

Zichron Jakob 29
Zypern 56